Monique

Braqueur

Rédoine Faïd
Jérôme Pierrat

Braqueur

la manufacture de livres

ISBN 978-2-35887-015-3

Petit frère n'a qu'un souhait, devenir grand
C'est pourquoi il s'obstine à jouer les sauvages dès l'âge de dix ans
Devenir adulte avec les infos comme mentor
C'est éclater les tronches de ceux qui ne sont pas d'accord
A treize ans il aime déjà l'argent avide
Petit frère veut grandir trop vite
Petit frère rêve de bagnoles, de fringues, de thunes
Peu lui importe de quoi demain sera fait
Petit frère à jeter ses soldats pour devenir un guerrier
Et penser au butin qu'il va amasser.

AKHENATON et IAM

A ma mère, disparue trop tôt

A mon père, à qui je demande pardon

France-Soir

9 juin 1997

Pas un coup de feu au cours du hold-up de l'Essonne : après avoir percuté le coffre-fort ambulant avec un camion benne, les gangsters ont fait main basse sur le butin.

Un braquage express, réussi « hauts les mains » à deux pas de Fleury-Mérogis. Voilà le pied de nez lucratif que viennent de s'offrir les éléments efficaces d'un commando en Essonne. Vitesse, sens du travail en équipe, organisation : si braqueur était un métier, ceux-là seraient meilleurs ouvriers de France. […]

Départementale 31, samedi 18h. Le fourgon blindé ACDS 2 460 file. Direction Vert-le-Grand au sud de Bondoufle et un week-end de repos pour les trois agents de sécurité à bord du coffre-fort roulant. Leur tournée va se terminer : bref, il n'y a pas de raison de se faire de souci

Et pourtant… Quand ils sont engagés, à hauteur de Montaubert, ils ne savent pas encore qu'ils viennent d'entrer dans les mâchoires d'un piège bien huilé. De part et d'autre de la voie, des voitures bloquent déjà la circulation au niveau des deux ronds-points. Un camion benne fonce – de face – sur le véhicule blindé. Choc de titan à 80 kilomètres heure. Mais pas le temps de comptabiliser plaies et bosses : les voyous passent à la caisse. Tandis que le poids-lourd immatriculé dans les Hauts-de-Seine est couché dans le fossé, une autre équipe du commando déboule à bord d'une 405 blanche. Armés, encagoulés, ils attaquent le pare-brise du fourgon à la hache. Mais pas un coup de feu.

Ils se font ouvrir les portes du trésor. En quelques instants, après avoir vidé le camion de son contenu, les malfaiteurs prennent la poudre d'escampette à bord de trois voitures. [...]

C'est le fait qu'ils n'ont pas eu à faire parler les armes qui donne à nos braqueurs une image de véritables « professionnels ». Des gens pour qui le temps c'est vraiment de l'argent : leur braquage ne leur aura coûté que moins de cinq minutes.

Pourquoi as-tu décidé de témoigner dans ce livre ?

Au départ, je n'étais pas chaud pour me confier. Le passé est enterré, et je préfère le laisser derrière moi. Bien que je n'aie pas de sang sur les mains, je ne suis pas fier de ce que j'ai fait. Mais à l'heure où les cités font l'actualité, tu m'as convaincu que mon témoignage pourrait expliquer le processus qui conduit un jeune de cité à plonger dans la délinquance. Je ne veux pas me justifier : je veux juste briser les clichés qui perdurent lorsque l'on aborde ce sujet.

Tu viens de sortir de prison. Qu'est ce que tu as fait et combien de temps as-tu passé derrière les barreaux ?

J'en ai fait bien assez pour que les services spécialisés de la P.J. et de la Gendarmerie se soient mis sérieusement sur mon cas. Arrêté le 30 décembre 1998, à l'âge de vingt-six ans, j'ai passé la nuit du réveillon au Q.H.S. de Fresnes. J'ai été condamné au final à dix-neuf ans de prison pour des attaques à main armée : attaques de banque, braquages de bijouterie, attaques de fourgon blindé, évasions... Je suis sorti au printemps 2009. Soit près de dix ans de prison ! Un quart de ma vie...

En fait ton histoire, c'est celle d'une « petite frappe » de banlieue devenue grand bandit, comme beaucoup de mecs de cités qui se sont faits tous seuls en marge du Milieu.

Oui je suis effectivement un autodidacte du braquage. Pour les petits vols et les grands cambriolages dans ma cité, je ne me suis jamais fait attraper. C'est ça qui m'a malheureusement amené vers le grand banditisme. Un itinéraire chaotique dont je me suis sorti au prix de beaucoup de patience. J'ai fait le mauvais choix. Et les mauvais choix, cela se paye.

On va éviter l'interrogatoire de *Garde à vue*... alors présente-toi.

Ma famille est originaire d'un petit village situé à 250 kilomètres au sud d'Alger, sur les hauts plateaux. Mon père y était paysan, comme son père avant lui, mais surtout guide de chasse. Ce qui lui a valu d'être recruté par les résistants algériens : il connaissait le moindre chemin de la région, et c'était un excellent tireur. Alors que lui et ses compagnons d'armes avaient mené une embuscade contre des soldats français pour récupérer leurs armes, il a été dénoncé. En représailles, le village a été brûlé. Mais sa famille n'a pas été violentée. Ma mère, mes sœurs et mes frères ont été protégés par les gendarmes du coin qui accompagnaient les militaires. Avant le début des troubles, ils chassaient avec mon père et l'appréciaient. Mon père en a gardé une éternelle reconnaissance à la gendarmerie.

Dans les mois qui ont suivi, finalement il a été capturé, torturé, et emprisonné. Il n'a dû son salut qu'à une visite de la Croix Rouge internationale qui est intervenue pour le faire hospitaliser. De là, il a été extrait discrètement, et a fini de se soigner chez des sympathisants nationalistes jusqu'à la fin de la guerre. Un an plus tard, il retournait en France pour retrouver le même poste d'ouvrier qu'il avait occupé dix ans plutôt, dans la même usine de chimie, l'usine Khullman de Villers Saint-Paul dans l'Oise. Qu'est-ce qui l'a amené à émigrer une première fois en 1950, se retrouver en Algérie pendant la guerre et finalement retourner au même endroit ? Ceci est une longue histoire, que je pourrai vous raconter plus tard… En tout cas, en 1969, il a fait venir la famille, mes frères et sœurs nés en Algérie. C'est comme ça que je suis né à Creil.

Comment ça ?

C'est sur la proposition de l'assistance sociale de l'usine qu'il a fait venir sa famille. Chaque année, il prenait un mois ou deux de congés sans solde pour rentrer en Algérie et passer du temps avec la famille. Il a fait venir ses sept enfants et sa femme pour leur offrir un avenir meilleur que celui auquel ils étaient voués dans un village dévasté par la guerre et qui n'avait plus de moyens de subsistance. En France, mes parents ont eu trois fils supplémentaires dont moi, né en mai 1972. Je suis l'avant-dernier des dix.

A l'époque, nous habitions un petit quatre pièces au plateau Rouher, l'un des quatre quartiers H.L.M. du haut de Creil. Ensuite, en 1975, nous avons déménagé dans un autre, rue Guynemer, où j'ai passé ma vie. Nous habitions un grand appartement H.L.M. de 120 m².

Et l'ambiance à la maison ?

Malgré son boulot de nuit à l'usine, mon père s'occupait de moi. À huit heures le soir, il prenait sa Mobylette et sa gamelle avec un couvercle en fer pour aller bosser à l'usine. Lorsqu'il rentrait à six heures du matin, il me réveillait une heure après et me préparait mon petit déjeuner. Ensuite il m'emmenait à l'école et revenait me chercher pour le déjeuner.

De ma jeunesse dans les années 70, deux images me restent.

La première, c'est un vendredi, mes parents rentrent des courses. Il doit être quatre heures. Je finis l'école à quatre heures vingt, j'ai cinq ans, je suis en maternelle. Le portail de l'école fait un mètre de haut et est surmonté de barreaux. Je peux voir à l'extérieur. Je suis dans la cour de récréation avec mon petit frère Nordine qui est un enfant fragile car épileptique. On voit mes parents se garer devant l'école et on les appelle ! Mon père me regarde, et traverse la rue en souriant ; l'école maternelle était à cinq mètres de chez moi. Mon frère Nordine pleure, il ne veut pas rester à l'école. Mon père lui dit « attends, on va te ramener, ne pleure plus ». Et il attrape Nordine à travers les barreaux.

– Et moi papa ?

– Toi, tu ne pleures pas, tu es un grand.

C'est bizarre, mais j'ai la conviction que cette scène m'a forgé. C'est un truc qui m'a endurci. Je vois mes parents qui s'éloignent et je tiens les barreaux, déjà ! J'ai les poings serrés et je ravale ma rancœur.

La deuxième image, c'est en 1979. Jacques Mesrine est abattu porte de Clignancourt. La télé annonce sa mort. Toute la famille était triste. Pour des gens comme nous, Mesrine était le représentant du petit peuple face aux puissants. Purée ! Ils l'ont eu ! On en a parlé à la maison. Tous disaient que c'était un mec bien, intelligent. Ça a duré pendant dix ans. Il n'y a pas eu une année au cours des années 80 où on n'a pas parlé de Mesrine. Ça m'a suivi.

Il n'y avait aucun délinquant dans ta famille ?

Personne. Tout le monde était honnête. Mon frère Abdeslam a eu un bac C, ma sœur Leila a fait des études de droit. Mes frères Rachid et Djamel ont travaillé toute leur vie.

Mon frère Abderrahmane a fait des études en Irak. Il vit

maintenant en Algérie où il est professeur de mathématiques dans une université. Mon frère Fayçal, qui a deux ans de plus que moi, a été à la fac de droit.

Moi je n'aimais pas l'école, pourtant j'étais plutôt bon élève. Mais un élève turbulent. Je m'ennuyais. J'ai commencé à faire l'école buissonnière. En primaire, j'allais trainer avec Fayçal au centre commercial de Creil. C'est d'ailleurs là que j'ai commis mon premier vol.

A quel âge ?

J'avais six ans et mon frère huit. À l'époque, ces nouveaux centres commerciaux venaient de jaillir de terre. Et pour nous c'était Disneyland. Les bonbons, les jouets... que l'on pouvait juste regarder alors que d'autres les achetaient sans souci. Creil est entouré de communes riches comme Chantilly et Senlis, même les habitants du bas de la ville sont assez aisés.

Je me suis tout de suite dit qu'il n'y avait pas de raison, que l'on pouvait être comme eux. Dans le magasin, il n'y avait qu'un vigile et pas encore de caméras. Il nous appelait « les p'tites merguez ». On trouvait ça normal : on était arabe. On en souffrait, mais c'était un sujet tabou dont on ne parlait jamais en famille.

Je ne sais pas comment ça m'est venu mais toujours est-il que l'on a commencé à se servir.

À l'époque, un champ de maïs de deux kilomètres séparait la ville du centre commercial. On a commencé par cueillir du maïs que l'on a épluché et vite trouvé dégueulasse.

Ensuite, on a déposé nos cartables dans le champ avant d'enquiller dans le centre commercial.

Et là, on a déambulé dans les allées et pris l'habitude de remplir un caddie de confiseries, de gâteaux, de jouets, de petites voitures, de bandes dessinées etc… On en prenait pour deux cents, trois cents balles. À l'époque, une petite fortune. La sortie était libre, sans barrière, un truc de ouf.

Le surveillant ne faisait pas trop attention à nous, on était des gosses. On sortait, on se retournait : tout allait bien. On traversait alors le parking et une fois dans le champ de maïs, on se partageait le butin. Jusqu'au jour où on a mis plein de petites voitures dans un sac en plastique pris au rayon fruits et légumes. Comme nous étions novices, une nana du magasin qui nous connaissait du quartier nous a repérés et chopés avec le vigile. Mon frère les a ramenés à la planque. En voyant ce qu'on avait sorti, le gardien a pété un câble et téléphoné à nos parents. Lorsque ma mère est arrivée, nous étions déjà partis. Elle a alors appelé l'école, qui lui a répondu que ça faisait vingt jours qu'on ne venait plus… Avec ce qu'on chouravait, on n'avait plus tellement envie d'aller à l'école le lendemain matin.

Ce soir-là mes parents nous ont cherchés partout. Mon frère Fayçal s'était planqué dans l'escalier et moi dans la cave. Finalement une fille de l'immeuble m'a convaincu de rentrer. J'avais peur que mon père me frappe. S'il y avait une chose qu'il détestait au plus haut point, c'était le vol. Effectivement quand on est rentrés, il nous a amenés dans la salle de bains. Il a sorti sa ceinture et nous a donné chacun au moins vingt coups. Il était furieux. Lui qui travaillait, qui se sacrifiait, il a vraiment été choqué. Ma mère m'a demandé pourquoi on avait une chose pareille ? Elle a finalement payé ce qu'on avait volé. Je l'ai remerciée et lui ai promis de ne jamais recommencer.

Mon père nous a pardonné en pensant que c'était des conneries de gosses…

Si on est là tous les deux, c'est que t'as menti à ta mère…

À la rentrée suivante, me voilà en CE1, et je commence à brigander les porte-monnaie de mes sœurs et frères pour me payer des pâtisseries. Je me fais choper et je prends des tartes. Mais je me dis que c'est normal. L'année d'après, je passe mon temps dans les bibliothèques à lire des bandes dessinées et je fréquente les gosses de riches, ce qui me redonne des envies.

En compagnie de mes trois potes du quartier – un africain, un chinois et un antillais, une équipe cosmopolite… – on se met à voler. C'est exactement la scène de *Sleepers* avec Robert De Niro : un mec pique un truc dans un magasin, le patron le poursuit et pendant ce temps-là ses potes pillent la boutique. De temps en temps je me prends des raclées de mon père et je finis par redoubler le CE2. L'envie d'argent me poursuit. À onze ans je commence à avoir d'autres besoins : le jean 501, les Nastase, et les survêtements Tacchini !

Je fais un truc qui va définitivement me plonger dans

la délinquance. Nous sommes invités à une boum dans le bas de Creil par des jeunes bourgeoises qui fêtent leur anniversaire. Elles ont loué une discothèque du coin, le Lido, un mercredi après-midi. Là-dedans il n'y a que des « céfrans », les fils de notables et de commerçants du bas de Creil. Que des belles-filles gentilles, enfin je croyais. J'embrasse ma première copine avec qui je reste un mois et demi.

C'est l'époque du hip hop et du smurf, Sydney, Michael Jackson, les groupes de funk, on danse avec boisson et bouffe à volonté. Après, remonte à Guynemer frérot ! Tu parles ! Entre-temps, l'un de nous a appris que pour financer la boum, l'une des petites bourgeoises a cambriolé un appartement ! Elle a volé les clés d'une copine à elle et piqué la télé et le magnétoscope qu'elle a revendus pour deux mille francs. Alors là, je suis KO… Fallait pas me dire ça. J'en déduis qu'en fait, tout ça, tu ne peux pas l'avoir légalement, il faut aller le chercher.

Je prends une claque dans la gueule. Ça ne va pas se passer comme ça. On avait des caves en bas de la rue Guynemer. On décide de se faire notre propre discothèque. On met de la moquette, des affiches sur le mur etc… et on cambriole cette putain de maternelle.

Ah bravo !

Oui je sais… Bon, on prend la plaque chauffante et le tourne-disque. Quand tout est prêt, l'un de nous qui allait au collège a ramené toutes ses copines. On devient des stars. Le problème, c'est qu'il faut de la boisson, des gâteaux...Et on décide de faire des cambriolages d'appartements, de prendre des télévisions et de les revendre. Et on fait aussi nos emplettes dans les supermarchés. Mais ce coup-ci on y va du haut de nos cinq ans d'expérience dans la délinquance. Un ou deux mecs font mine de voler. Ils attirent les surveillants à eux et nous on rentre piller. Au fil des casses, on s'améliore : on met du scotch sur les vitres d'appartement avant de les casser etc... Et surtout on ne se fait pas attraper. On commence à se saper et à sortir nos copines au cinéma en payant la place. Tout en allant toujours à l'école. J'ai douze ans et je sais que le vol, j'en ferai mon métier.

Jusqu'à quatorze, quinze ans, on multiplie les cambriolages de magasins, d'appartements. On a du en faire quatre-vingt. On a même des receleurs qui nous rachètent nos télés, nos chaines hi-fi, tout notre matos. Par exemple un magnétoscope, ils nous le rachetaient mille cinq cents francs. Pour cinq minutes de travail. Compare à ce qu'on gagnait en faisant des petits boulots, on n'a pas hésité longtemps...

C'est-à-dire ?

Je déballais le marché de quatre à huit heures du mat. Je revenais à onze heures pour le marché du Plateau jusqu'à quatorze heures. Je faisais deux cents francs pour huit heures et je bossais comme un chien. Avec les copains, on allait cueillir les jonquilles et le muguet derrière le centre commercial Cora et on vendait les bouquets deux francs... On lavait les pare-brises sur le parking d'Auchan. Le problème c'est qu'on partageait à dix... à la fin on avait trente ou quarante francs chacun... et entre ça et les mille cinq cents balles du magnétoscope, le choix a été vite fait. C'est une logique terrible mais imparable. En plus, tu voyais que les jeunes du bas Creil n'avaient pas besoin de ça, ils jouaient au foot pendant ce temps-là et allaient au cinéma avec l'argent des parents.

Donc, tu commences à avoir des moyens ?

Le piège du vol, c'est qu'au bout d'un moment tu ne veux plus voler tes fringues, tu veux de l'argent pour les payer. Et là ce n'est plus pareil : tu es obligé de franchir une étape quand tu gamberges comme ça. Tu te mets dans la tête qu'il te faut une liasse de billets. A un moment, Tony Montana dans *Scarface* discute avec son associé Manolo. Ils sont assis à une table et Montana lui balance avec son accent cubain :

« C'est le paradis ici, dans cinq ans je serai milliardaire j'aurai ma Cadillac et plein d'oseille. Cette ville, c'est une grosse chatte bien poilue qui demande qu'à se faire fourrer. »

Ensuite ils se lèvent, et on découvre qu'ils sont super bien sapés : pantalon à pinces, chemises, paire de pompes. Et surtout ils ont encore les sacs du shopping : ils n'ont rien volé, ils ont fait les boutiques. Alors que peu de temps avant ils vendaient des hot-dogs, les mains dans la merde.

Bon, nous, sans être milliardaires, ça roulait bien : on avait les polos Lacoste dans toutes les couleurs et tous les modèles de jeans 501 !

Et ta mère, qu'est ce qu'elle disait de te voir sapé comme ça ?

Ma mère était gravement malade… et mon père n'était pas là de la semaine. Au début des années 80, il a décidé d'investir ses économies dans l'achat d'une boucherie à Barbès. Tout en gardant l'appartement de la rue Guynemer, mes parents se sont installés rue Léon. Je suis resté à l'école à Creil et je ne venais que les week-ends. Et là, j'ai complété ma formation de délinquant. Parce que Barbès, c'est le paradis des pickpockets et des magouilleurs en tout genre.

Dans le quartier, je fais la connaissance de deux feujs de deux ans de plus que moi, qui vivent là dans la misère. Stéphane et Bruno. Ils ont suivi le même parcours chaotique que moi, mais à la sauce parisienne. Ils sont plus affranchis et savent par exemple ouvrir une porte d'appartement avec une carte téléphonique. Ils fracturent les boîtes aux lettres pour y piquer les premières cartes American Express qui arrivent par courrier et les revendent quatre cents francs pièce. Je me mets vite à leur niveau. Leur truc du moment, ce sont les autoradios. Et Bruno, c'est vraiment l'as des as. A Barbès, les receleurs c'est pas ce qui manque, du coup on ne fait que ça. Tous les soirs. Et avec la monnaie, je découvre de nouvelles choses : les films de karaté dans les cinémas d'Opéra, les putes qui te prennent à treize ans… et les paires de Weston ! Sans compter Paris, bien sûr, que je sillonne à pied pendant les vacances scolaires.

Mais en 1984, mon père coule la boucherie. Lorsqu'il a vu que certains de ses concurrents du quartier vendaient pour hallal la viande achetée à Rungis, il a informé les fidèles de la mosquée de la rue Myrrha. En retour, ils lui ont envoyé des contrôleurs sanitaires, fiscaux, bref, il a eu toutes les emmerdes et a été obligé de fermer.

De toute façon, ma mère n'était pas une bonne commerçante : elle faisait crédit. Elle avait beaucoup de cœur et tous les trois mois elle effaçait l'ardoise. Notamment à la mère de Stéphane qui venait prendre de la viande pour les fêtes juives parce qu'elle n'avait pas les moyens d'acheter kasher.

Nos deux mères sont les seules à avoir tiré le signal d'alarme. Elles ont vu qu'on tournait mal et lorsqu'elles prenaient le café ensemble, elles se demandaient ce qu'allaient devenir leurs gosses…

Après la fermeture de leur boucherie mes parents sont donc revenus à Creil, rue Guynemer. Là-bas, j'étais en avance sur mon temps : j'avais ramené le coup des autoradios et je me faisais des couilles en or. Et surtout, Stéphane et Bruno n'hésitaient pas à prendre le train pour me rejoindre à Creil et vice versa.

Et vous faisiez quoi ?

On décide rapidement de se lancer dans le cambriolage. Et qu'est-ce qui arrive à l'époque en 1985, 86 ? Trois lettres :

IBM. Les ordinateurs. Là on a cassé la baraque : on a fait les salles de classe, des entreprises. À l'époque, il n'y avait pas encore les alarmes infrarouges, seulement des contacteurs sur les issues. On se laissait enfermer dans les entreprises ou dans les entrepôts et on les vidait. On s'est fait beaucoup de thunes : un ordi, on le revendait entre trois et cinq mille balles, une fortune à l'époque. Mais on n'en faisait pas tous les jours. Pour augmenter le rythme, on s'est dit que le meilleur moyen était de taper un entrepôt spécialisé.

On en a repéré un dans une zone industrielle du côté de Compiègne. Mais cette caverne d'Ali Baba était gardée par des barreaux de protection aux fenêtres. Sur les conseils d'un receleur, on a acheté une pince monseigneur, et une nuit, à deux heures du matin, on y est allé. On a scié deux barreaux, scotché la vitre, on l'a cassée et on a fait une razzia : quarante pièces. Des imprimantes, des scanners, des ordinateurs. La totale. Le receleur est venu avec son camion et on a passé le tout par les fenêtres du fond. Notre fourgue ne pouvait même pas tout prendre !

Il nous a orientés sur un receleur du côté de Bastille. Le mec nous a racheté le reste du lot mais il payait par chèque… Il fallait que je trouve quelqu'un qui me les prenne. J'ai fait la tournée des copains et de toutes leurs frangines, cousins et cousines et on s'est fait 60 000 francs à trois. A partir de ce moment-là, on n'a plus lâché les cambriolages.

Vous ne faisiez que les ordis ?

Non, toutes sortes de commerces. Comme la boutique de fringues B. à Creil. Elle était équipée de contacteurs sur les vitres et la porte, ainsi que d'un détecteur infrarouge. En allant acheter un pull, j'avais repéré que la réserve du magasin collait l'escalier de l'immeuble voisin. Munis d'une clé de pompiers qu'un copain infirmier nous avait filée, d'un tournevis et d'une carte téléphonique, on a descendu l'escalier jusqu'à la porte en fer de la réserve qui était aussi munie d'un contacteur. On l'a joué à la Spaggiari. Notre ami receleur qui travaillait dans le bâtiment nous a filé un chalumeau et nous a appris à le manier. Le lendemain, à deux heures du mat, il s'est garé avec un camion devant, on est descendu dans la réserve et on l'a vidée à coups de sacs poubelles ! Pulls, polos... on a habillé tout le monde en B. et on s'est fait 90 000 francs. Et on a enchaîné : sociétés informatiques, parfumeries, bar tabac PMU – combien de fois j'ai passé de nuits à gratter des millionnaires ! –, magasins de sport... on a tapé en série pendant deux ans.

Des potes livreurs en vidéo, en électroménager etc... nous demandaient de les braquer pendant leurs tournées : télés, magnétoscopes, chaînes hi-fi, frigidaires, et même des hottes ! C'était marrant parce qu'on avait le listing de Darty. On devenait presque des commerciaux.

La grosse Nagui, la plus grande receleuse du plateau, habitait au neuvième étage d'une tour de la Cavée :

– Voilà ce que j'ai vu dans le magasin Darty. Combien vous en voulez ?

– 2000 au lieu de 5000 et on peut même vous livrer.

Un jour un jeune marocain du plateau m'a demandé si les affaires marchaient.

– De quoi tu parles ? Ouais ça marche.

– Alors quand est-ce que tu peux nous faire rentrer dans votre milieu ?

Ce mec qui était dans le shit nous avait observés il appartenait à la jeune génération qui vendait des barrettes. Ils étaient vaillants, mais nous prenaient pour des cracks.

Mais on savait qu'il ne fallait pas se vanter. La seule fois où on rencontrait les mecs des autres quartiers, c'est quand on allait dans la discothèque, le Lido, en bas de Creil le dimanche après-midi. Ou lorsqu'il y avait des matchs de foot.

Voilà comment ça fonctionnait la cité. La cité, c'était les cages d'escaliers, les caves, les apparts quand les parents n'étaient pas là. Sauf qu'on faisait des conneries. Si tu veux notre histoire, c'est un peu l'histoire de tout le monde.

Et la Police ?

A l'époque, évidemment on s'intéresse à la police, à la B.A.C. Les grands nous en parlent parce qu'ils ont déjà fait des gardes à vue. On connaît les noms des inspecteurs. Ils nous regardent grandir mais ils ne savent pas ce qu'on fait. Ils ne se l'imaginent même pas. Ils sont aveuglés par le fait qu'à chaque fois qu'ils passent ils nous voient jouer au foot, qu'ils ne nous voient pas traîner avec les grands, ni même fumer une cigarette. On ne boit pas d'alcool, on ne fréquente pas les dealers.

C'est incroyable mais on ne s'est jamais fait attraper. La seule fois où je me suis fait péter, c'était en 1991 lorsque les Sega Mega Drive sont sorties. Un mec m'avait dit : « Si tu me ramènes des jeux, je te revends tout. »

Je me suis planqué avec un copain dans un grand magasin qui fermait entre midi et deux heures. Et là on s'est servi : stylos Montblanc, CD, magnétoscope... On s'est fait péter au moment où on ressortait. Et j'ai fait ma première garde à vue. J'avais dix-huit ans.

Il n'y avait rien sur moi. Alors ils ont pris mon nom et je suis sorti. Basta.

Deuxième garde à vue, une affaire de chèques. Un copain connaissait un mec qui travaillait dans une banque et avait une super magouille : l'un de nous ouvrait un compte, le gars lui filait un chéquier qu'il déclarait volé le vendredi à dix-sept heures. Il envoyait la lettre au siège à Beauvais, qui était fermé le week-end, et n'enregistrait donc le vol que le lundi. Et pendant ce temps-là on faisait un massacre.

Un jour, je trouve un pote pour ouvrir un compte et prendre un carnet de quarante chèques. J'achète un costume et une cravate, je loue une voiture et je fais les magasins : Darty, Auchan, etc... je vais chez Weston me prendre deux paires de chaussures. À l'époque il n'y avait pas de plafond pour les chèques.

Mais le mec du chéquier veut faire ses courses persos.

Et qu'est-ce qu'il fait ce con ? Il y va tout seul et remplit son caddie sans regarder les prix. Le surveillant qui mate la caméra trouve ça bizarre. Et en sortant le mec se fait arrêter. Mais le vigile, dépité, constate que c'est sa carte d'identité et son chéquier. Pourtant ils se doutent d'une arnaque. Ils ne veulent pas lui rendre le caddie. Il y en avait pour 8000 francs, une somme à l'époque.

Le gardien fait quand même une photocopie du chéquier et note le numéro de sa plaque d'immatriculation. Et trois jours après, la gendarmerie le lève. Et le mec parle de moi.

Ils viennent me chercher :

– Tu es cuit : il a dit que c'était toi.

– Je le connais pas ce mec.

Je nie tout en bloc. Ils appellent le procureur, ils ne vont pas me mettre en prison pour ça. Je passe au tribunal, j'ai du sursis. Le proc fait appel. Et je prends deux mois fermes. Je plaide moi-même ma cause sans avocat. Et finalement les deux mois fermes, ils ne me les mettent pas. Je leur dis que je suis toujours à l'école, qu'ils vont me niquer ma vie. C'était la cour d'appel d'Amiens. Voilà les deux rendez-vous judiciaires que j'ai eus.

Après on ne m'a plus jamais revu avant le 30 décembre 1998, à la Brigade de Répression du Banditisme pour les fourgons blindés...

Il y avait une grosse délinquance dans les quartiers de Creil ?

Dans les années 80 pas du tout. Le shit n'existait pas. Il y avait un peu d'herbe qui tournait parce qu'on est sur la route des Pays-Bas mais c'était relativement discret. Il n'y avait ni héroïne, ni cocaïne. La délinquance, c'était des cambrioleurs et des voleurs qui faisaient des boutiques et des camions de livraison. Que des gaulois, des grands de dix-huit ans. Des amis de mon frère Djamel qui avait fait un mois de prison.

Je croyais qu'il n'y avait que des casiers vierges chez toi ?

J'avais oublié... A l'époque j'étais petit. Djamel avait fait un mois parce qu'il roulait sur une mobylette volée par un copain du quartier. En sortant, il n'a plus jamais fait de conneries. La prison, ça l'avait marqué, Djamel c'était plus le même. A l'époque, le placard ça t'endurcissait ou ça te cassait.

Les grands, ses copains, ils avaient trois ans de plus que nous. Des putains de voleurs de magasins. Des poissons à voler ? Des pizzas ? Ils s'en battaient les couilles, ils y allaient et tapaient le Gel 2000 ! Ils volaient tout ce qui bouge.

L'un des potes de mon frère s'appelait Christian C., un as de la cambriole, il courait super vite, un vrai guépard. Il s'enfermait dans les congélos des magasins et la nuit venue il prenait son caddie et faisait ses courses. Appartements, magasins, il tapait tout. Un jour il a décidé de s'expatrier à Paris. Mais là, les flics ne sont pas les mêmes : les patrouilles sont plus nombreuses et il y a plein de civils. En plus c'était à une époque, les années 80, où il y avait beaucoup de terrorisme. Un soir, un pote qu'il hébergeait chez lui était en manque, il se shootait à l'héro. Il est sorti lui acheter deux doses. Il s'est fait péter par les stups. Depuis le temps que les flics cherchaient à le coincer celui-là… Ils ont trouvé cette fois le moyen de le faire réfléchir. Deux ans fermes qu'il effectua en totalité à la troisième division de Fresnes.

Lorsqu'il est sorti, sa mère était morte et il a fait un vrai travail sur lui-même. Il m'a toujours dit de ne pas faire de conneries, de ne pas aller en prison et pour me faire flipper, il m'a parlé de Michel Lepage [1].

– J'étais en troisième division avec un mec, Michel Lepage, le parrain de la banlieue sud. Il s'est embrouillé avec un maton et personne n'a bronché ! Le mec, c'est du lourd !

Et de continuer sur son évasion d'un fourgon cellulaire, place Denfert Rochereau etc…

Des années après je me suis retrouvé à la centrale de Moulins avec le fameux Michel Lepage…

– La première fois que j'ai entendu parler de toi, j'avais onze ans et c'était par un mec qui venait de sortir de Fresnes, en 1983. C'était pour me décourager de faire de la prison. Au contraire, ça m'avait fasciné. T'es devenu

1. Michel Lepage, une des figures parisiennes du Milieu.

une star pour moi : braqueur de banque, évadé… Je me suis dit que c'était ça qu'il fallait faire !

Qu'est-ce qui a dégénéré dans les cités ?

A l'époque, en 1984, on séchait les cours et on squattait déjà les cages d'escalier, mais elles restaient propres : personne n'y fumait, n'y mangeait… La génération d'après, celle du début des années 90, a sorti les joints, les canettes… C'est ça qui a tout niqué : les papiers et les mégots par terre, et puis surtout le bizness que le shit a entraîné !

Les stups, ça a commencé en 1985. C'était la première fois que je voyais des barrettes de shit de ma vie. C'est mon frère Fayçal qui me les a montrées. Mais moi, ce n'était pas du tout mon domaine, et je n'aimais pas ça. C'est un truc que je méprisais.

Pour te dire un jour un bon pote m'a sorti ce qu'il trimballait dans sa chaussette : deux paquets de Marlboro avec vingt barrettes à cent francs dans chaque. J'ai tout de suite pris mes distances. Il vendait de la drogue, il ne m'intéressait pas. Je me disais que ce mec allait me ramener des histoires. Et je n'ai jamais changé.

Comment s'est développé ce biz ?

Au départ les gars vendaient seulement des barrettes. De rares mecs de cité allaient chercher quelques savonnettes [1]

1. 250 grammes.

voire des kilos en Hollande qu'ils revendaient mais ils se fournissaient surtout auprès de vieux marocains des quartiers qui rapportaient entre cinq et dix kilos de shit des grandes vacances. Des travailleurs qui les dissimulaient dans la Peugeot familiale. Mais les petits dealers de Creil avaient un problème : ils étaient leurs propres consommateurs. Sur un kilo ils fumaient sept cents grammes… Dès qu'ils avaient un peu de ronds, ils se fringuaient. Ils achetaient leur polo, leur pantalon, leur blouson Lacoste et leurs paires de Stan Smith, l'uniforme classique… Ils brillaient deux, trois mois et après ils étaient à la rue et attendaient que le prochain été arrive.

En parallèle, il y avait des gens plus sérieux… Des anciens, des marocains, des gros malins qui faisaient ça depuis des années et dont on n'entendait jamais parler. Ces types rapportaient cinq cents à huit cents kilos une fois par an, mais ils ne vendaient rien sur place. La marchandise venait du Maroc, transitait par Creil et repartait en Hollande. En les voyant, jamais tu te la donnerais : des fantômes ces milliardaires de l'or vert. Ils se fournissent auprès de leurs cousins ou de leurs grands frères qui ont leurs cultures au Maroc. J'en ai connu un comme ça au centre de détention de Meaux : Oueri, un algérien qui bossait avec les marocains. En juillet 2004, il s'est fait péter avec quatre tonnes deux de Sum [1] à la Courneuve dans un camion poids-lourd. Moins les quatre-cent vingt kilos redonnés à la balance qui a filé l'affaire d'après ce qu'on raconte… La brigade des stups s'est retrouvée avec Oueri,

1. Qualité supérieure.

cinquante ans, de nationalité algérienne, inconnu au bataillon. Il a fait quatre ans de placard et un an après sa sortie, il est décédé de maladie. Le mec était tellement pas fiché qu'il s'est payé le luxe de ne pas donner son identité véritable pendant huit mois à la maison d'arrêt de Nanterre. Malheureusement pour lui il s'est confié à son voisin de cellule qui l'a balancé. Ils lui ont remonté une propriété en Bretagne, des pavillons, des commerces etc… bref un mec qui faisait partie de la grosse « mafia » algéro-Marocaine. D'habitude ces types préfèrent rester entre eux, mais lui n'a pas dédaigné travailler avec un mec de cité… qui l'a mis dans cette merde.

Et les gros trafiquants de cité ?

Ils sont arrivés à la fin des années 90. Mais ce ne sont pas des mecs qui ont passé cinq ans à vendre des barrettes avant de passer à l'importation. Non, cette nouvelle génération qui arrivait derrière la nôtre a grillé les étapes.

Lorsque nous habitions au 3 rue Guynemer, il y avait trois familles maghrébines. La nôtre, les Ferguougui qui ne comptaient aucun délinquant bien qu'ils trainaient avec moi et mes potes, et enfin une famille marocaine qui est arrivée après nous. Le fils s'appelait Djamel. C'était mon voisin de palier, il avait dix ans de moins que moi. Sous ces airs sympathiques, tu sentais déjà que c'était un garçon qui voulait taper dans le tas. Très jeune, il avait déjà sa petite bande, sept, huit mecs qu'il commandait. Dont son cousin, le gros Mourad, qui lui aussi tombera pour des go fast [1]. Mineur, Djamel dorénavant surnommé Moustique, a fait quatre ans pour des actes de délinquance aggravée. Après cette première condamnation, il est resté deux ou trois ans dehors, le temps de devenir le go faster numéro un de l'Oise, avant de se faire péter par José, un flic tenace de l'antenne P.J. de Creil.

Moustique n'avait pas l'habitude, il croyait avoir affaire aux inspecteurs du commissariat, les seuls qu'il connaissait jusque-là. Il est donc tombé pour un go fast qui venait de Hollande. Il a pris huit ans sur lesquels il en a fait sept pleins. En sortant, il est parti au Maroc où des gens ont essayé de le carotter de quatre cents mille euros dans un biz de shit. Moustique la tête brûlée est resté fidèle à sa réputation : il a tiré avant de réfléchir. Et mal lui en a pris puisqu'il a été condamné à vingt ans en première instance puis à quinze en appel. Deux jeunes du plateau qui étaient avec lui ont pris également quinze ans. Mais comme ils étaient de nationalité française, ils ont été libérés deux mois après à la faveur d'une grâce des prisonniers étrangers par Mohammed VI. Et Moustique qui n'a jamais « fait » sa nationalité française est resté là-bas... Les autres sont des miraculés.

Parmi ces jeunes qui sont montés très vite il y a également le Bombé, de la Cavée de Senlis, qui s'est fait gauler avec plus de cinq cents kilos de shit. Le petit Bombé lorsque je l'ai connu il avait dix-huit ans ; il habitait à cent mètres

1. Go fast : transport de stupéfiants par véhicule rapide généralement en provenance d'Espagne ou des Pays-Bas.

de chez moi. Un garçon intelligent et très malin. C'était un bon voleur de voitures qui avait sa bande à la Cavée. Il trainait avec un mec surnommé Tétanos qui nous fournissait des voitures. Comme Moustique, le petit Bombé n'a jamais vendu de barrettes. Et comme lui, lorsqu'il me croisait il affichait un sourire de vingt centimètres, parce qu'il savait que j'étais braqueur, mais il ne me demandait rien. C'est ça que j'aimais bien chez les jeunes de cité : c'est pas des mecs qui vont jacter sur toi. Eux-mêmes sont des délinquants et savent qu'il faut rester discret.

Bref, au début le Bombé a fait la mule pour un grossiste du plateau qui avant de faire venir des tonnes de shit faisait des petites passes à cinquante, soixante kilos. Et le petit Bombé à l'âge de dix-huit ou vingt ans s'est fait péter et a fait un an et demi de placard en Espagne. En sortant il a décidé de se lancer dans le bedo. C'est devenu un grossiste très puissant. Lorsqu'il est tombé pour la demi-tonne, il s'est évadé en 2008 d'un fourgon de gendarmerie à Beauvais et s'est réfugié au Maroc. Mais les forces spéciales marocaines, sous la pression des autorités françaises, l'ont interpellé et mis au placard là-bas.

Lui comme Moustique, lorsque je les croisais, jamais je n'aurais pensé que ces mecs allaient prendre des bolides, monter aux Pays-Bas, descendre en Espagne, traiter avec les mecs du Rif au Maroc, traverser la Méditerranée avec des bateaux surpuissants et remonter le shit jusqu'à Creil. Ce qui est étonnant, c'est qu'ils n'ont jamais vendu de barrettes. Ils ont commis des petits actes de délinquance puis d'un seul coup ont joué gros.

C'est très révélateur des cités. Ce sont des petits délinquants, la B.A.C. les regarde, ils ont seize ans, dix-sept ans et d'un seul coup à dix-neuf, vingt ans, ils se transforment en go fasters qui passent les frontières et rapportent des centaines de kilos de H, s'habillent bien etc…

Comment tu l'expliques ?

Les jeunes de cité vont très vite, à 250 km/h. Ce ne sont pas des mecs qui vont te vendre des barrettes pendant quinze ans. Autant dans les années 90, les premiers go fasters étaient des mecs depuis longtemps dans le bedo. Eux, il ne leur a pas fallu cinq ans pour comprendre que les barrettes ou les kilos ne les nourriraient pas. Et surtout, dès l'instant où ils ont eu accès à cent cinquante, deux cents kilos, ils ont cassé les prix. Ils n'en ont strictement rien à foutre des autres.

Les grossistes habituels ne pouvaient pas suivre. Parce que ces gremlins cassaient le biz en baissant d'un tiers le prix. Et que les « anciens » étaient sept ou huit à manger à parts égales. Tu ne peux plus le faire avec les tarifs pratiqués par les nouveaux. Eux, ils ne constituent plus une équipe, mais une entreprise. Ils sont deux à manger et tous les autres sont des sous-fifres : le chauffeur est payé tant, un autre mec pas plus. Je donne dix-mille là, dix-mille ici et moi je prends 500 000 euros.

Bon, revenons à 1990. Vous ne voulez pas faire les stups et vous en avez marre des cambriolages, donc... ?

Ça fait dix ans que je vole. J'ai une garde-robe en veux-tu en voilà, mais je n'ai pas un rond devant moi. Ça ne rime à rien.

Mes potes sont dans la même situation que moi. On a d'autres besoins maintenant : on veut passer notre permis de conduire, avoir des voitures, porter des costards, des Rolex. Alors on fait un tour de table. Ce jour-là, nous sommes tous les trois au Mac Do de la Gare du Nord. Près de Barbès. Moi j'arrive directement de Creil et eux ont juste à traverser le boulevard Magenta.

Un bout de tchache et je lâche :

– Les banques ! Putain ! Il faut faire des banques !

– Putain t'es complètement malade !

– J'en ai repéré une, c'est une bombe de banque, je la connais bien. La meuf elle est toute seule, et le coffre est juste derrière elle.

– Mais comment tu veux faire ?

– Tu crois que je vais casser le coffre ? Tu me prends pour James Caan ? Je vais la braquer. Avec ça !

J'avais pris le 357 Magnum avec moi...

– Mais t'es fou ? Tu te trimballes avec le magnum.

– Écoutez, on la fait au 357 magnum.

– On n'a qu'un flingue !

– Et alors, il y en a qu'un qui va y aller.

D'où il sortait ce calibre ?

Un jour, alors qu'on cassait un bar, on a trouvé un 357 magnum. On se l'est passé entre les mains :

– Gaffe ! Il y a des balles dedans !

– Putain, on se sent puissant avec ça !

On a commencé à prendre des poses avec. Je me prenais pour Jacques Mesrine ou pour James Caan dans *The Thief*[1] de Michael Mann.

Déjà Michael Mann ?

C'est l'un de mes frères qui me l'a fait découvrir. Ce film, *The Thief*, c'était un rêve pour nous. Et une leçon de gangstérisme. On y a notamment appris que les voyous sont des enculés. On l'avait déjà lu dans le livre de Jacques Mesrine, *L'Instinct de mort*... Mais notre truc, c'était le cinéma. On regardait en boucle *Guet Apens* avec Steve McQueen et *Bullitt*, même s'il joue un flic. L'un de mes potes adorait *Le Canardeur* avec Clint Eastwood. On était vraiment des dingues des films de voleurs et de gangsters. A sa sortie, on a pris *Scarface* en pleine gueule. On a été le voir dix fois au cinéma. On connaissait toutes

1. *The Thief*, 1981, en français « Le Solitaire », film de Michael Mann. Le personnage incarné par James Caan est inspiré de l'autobiographie de Franck Hohimer, un taulard condamné pour vol. Mann embauche par ailleurs de vrais truands pour son casting.

les paroles. On était dans cette culture-là. Le cinéma nous inspirait. Lorsqu'on commettait un délit on ne pouvait s'empêcher de sortir une réplique entendue au cinéma.

Alors, la banque ?

C'est une agence du Crédit du Nord. Il n'y a pas de sas. Juste une porte d'entrée. Il n'y a pas de distributeur, donc tout l'argent va dans le coffre. On regarde : on la fait ? On la fait pas ? Stéphane rentre dans la banque pour faire de la monnaie. Bruno y va pour demander comment on ouvre un compte. Tout le monde veut voir.

En gros, le seul danger, c'est que la nana déclenche l'alarme dont le bouton est sous son bureau. Le seul moment où elle n'est pas à côté, c'est lorsqu'elle ouvre la porte. Il faut absolument enchaîner derrière elle quand elle pénètre dans l'agence.

– Bruno t'y vas ?

– J'y vais…

– Tu es sûr ?

Elle met cinq secondes à ouvrir la porte et rentrer. Il va falloir se rapprocher d'elle très vite et la pousser à l'intérieur avant qu'elle ne mette la cassette vidéo dans le magnétoscope relié à la caméra de surveillance. On passe des journées entières à observer. On a acheté un sac pour mettre le fric dedans. Mais on n'a ni perruque, ni moustaches, ni rien. On a décidé d'y aller avec des casquettes.

Comme des cons, on ne sait même pas qu'on peut acheter des cagoules dans les magasins de moto. Alors on prend des collants. Chacun en pique à sa sœur, à sa mère, à sa cousine. Les Rapetous…

Enfin un matin, c'est parti. Mais ça ne marche pas, la nana est arrivée trop vite et Bruno n'a pas eu le temps d'enquiller derrière elle. La deuxième fois, ça foire aussi parce qu'elle reste trop longtemps devant. La troisième fois, Bruno ne le sent pas. La quatrième fois, il y a trop de gens devant. La cinquième fois, le fleuriste qui est en face risque de nous repérer. La sixième fois, c'est la boulangère. La septième, un client attend devant… Nos nerfs sont à rude épreuve. La huitième fois, je décide d'y aller. J'ai une flippe de fou mais il faut que j'y aille.

– Bon, je vais entrer, la scotcher et après on se casse !

– Mais comment on se casse, on n'a pas de voiture ?

– On prend sa voiture !

– Putain Mac Coy t'es un génie !

Les potes ne m'appelaient pas encore Doc, mais Mac Coy. Comme Doc Mac Coy, le diminutif de Steve McQueen dans *Guet-apens*.

La banque, tu la braques sur tes heures de cours ?

Oui, je suis en terminale à Jean Rostand à Chantilly. Et pas un mauvais élève : j'ai eu la meilleure note au bac de français l'année d'avant ! Mais je ne passerai pas le bac… je ne l'aurais qu'en 2004, au placard.

On en était à « Mac Coy t'es un génie »...

A l'approche du coup, je gambergeais : les decks vont me péter. Je vais me faire péter. Il me faut un alibi. Je me suis servi du lycée. J'ai demandé à l'élève qui s'occupait du cahier de texte de ne pas le donner le lundi matin.

On répète l'affaire pour la forme, on connaît le déroulé par cœur.... A huit heures cinquante, la meuf se pointera et garera sa voiture devant la banque. Bruno doit surveiller le fleuriste en face. Stéphane restera sur le côté en appui. Une fois que je serai rentré, il attendra une minute que j'ouvre le coffre et me rejoindra. Les mecs me regardent :

– Tu te la sens ?

– Oui, mais vous me laissez pas dedans !

– T'es fou toi !

On avait acheté une masse chez Castorama pour tout péter si j'étais bloqué à l'intérieur.

Le vendredi précédent, je suis passé devant la banque par hasard et qu'est-ce que j'ai vu arriver ? Un fourgon de la Brink's. La Brink's putain. Les deux convoyeurs sont sortis avec un gros sac. Ils l'ont déposé à l'intérieur avant de partir. Putain, pourquoi faire la banque où il y a un sac alors que dans le fourgon il y en a trente ? Mais c'est un rêve inaccessible : on est trois avec un seul calibre.

Le lundi matin, on y va. A peine la meuf a mis la clé dans la serrure que je commence à marcher. Elle ouvre la porte, j'accélère le mouvement et je la pousse dedans ! Elle est déséquilibrée et se met à gueuler :

– Au secours ! Au secours !

J'ai appris mon texte par cœur en regardant le film *Mesrine*, celui de 1984.

– Arrête ! Tu fais ce que je te dis. C'est pas après toi que j'en ai, c'est après l'argent de la banque. Pense à tes enfants. Arrête tes conneries, sinon je vais te tuer ! Pense à tes enfants.

– Oui Monsieur, oui Monsieur.

Ça y est, c'est bon, on rentre.

Là je prends un peu plus d'assurance, je me rends compte que la grosse flippe qui m'animait a complètement disparu. Un peu comme un acteur lorsque la représentation commence ou comme le joueur de foot pressuré qui une fois sur le terrain est à l'aise. Il faut être l'aise mais pas trop non plus. Parce que c'est dangereux, tu risque d'oublier où t'es !

Une fois dedans, Je lui demande d'ouvrir le coffre :

– Vite, dépêche-toi !

Je lui parle calmement sans gueuler. Elle me dit :

– Attendez monsieur, il y a une alarme dans le coffre.

J'apprends quelque chose : il y a une alarme dans la banque mais également dans le coffre. Je deviens un peu plus professionnel.

– Allez ouvre le coffre ! Et débranche l'alarme.

Elle fait le code et se trompe.

– Tu te fous de moi ou quoi ?

Enfin, elle ouvre et mon pote arrive.

Il ne parle pas et remplit le sac. Je me tourne vers la meuf en la vouvoyant :

– Madame il faut que je vous enferme. Et donnez-moi les clés de votre voiture.

– Qu'est-ce que vous allez faire avec ?

– Ne vous inquiétez pas, vous allez-la retrouver ce soir garée sur un parking.

Bruno qui faisait le guet dehors nous rejoint. Je vais chercher la voiture. Je fais le tour du pâté de maisons et je les récupère. Dix minutes après, nous sommes au chaud dans l'appartement d'une copine.

Mais moi, je n'ai pas terminé. Je repars garer la voiture dont je jette les clés. Ensuite, je cours chez moi me changer : pantalon Lacoste, blouson Lacoste, paire de Weston. Et je file à l'école. Je vois le chef de classe :

– Le cahier de texte est là ? Tu l'as pas donné ?

– Non.

C'est bon. Je passe la journée au lycée et le soir je vais rejoindre mes potes. Ils sont restés dans l'appartement toute la journée et ont fait le partage des 240 000 francs. À trois et en espèces ! Là, on a fait un grand pas dans le banditisme, mais on ne le sait pas. Parce que les banques on va en faire ! Et comme pour les cambriolages d'appartements, on ne se fera jamais attraper. Pas une poursuite, pas une alerte, pas un coup de chaleur, rien !

Cette année-là, 1990, il t'arrive un drame...

Oui, ma mère décède d'un cancer généralisé. Ça m'a foutu en l'air, j'étais accablé. Son décès a déstabilisé toute la famille, il a eu l'effet d'une tempête.

Je vais l'enterrer en Algérie et à mon retour, je m'installe chez ma sœur ainée, Assia. Mon père, lui est reparti au bled pour la retraite et les plus grands de mes frères et sœurs sont maintenant mariés. Je suis chez ma sœur mais elle a déjà cinq enfants. Qu'elle prive pour moi. Et moi mon argent, je le flambe ! Avec Stéphane et Bruno, on partait en vacances avec 20 000 francs ! L'année qui a précédé le décès de ma mère, j'ai travaillé pendant les vacances en usine pour voir. J'ai détesté. Mais j'ai réalisé que ma mère était formidable. Lorsque je partais sans manger, elle m'apportait une gamelle à l'usine. A la fin du mois, je lui ai donné ma paie, elle en a pleuré. Ça m'a fait découvrir – un peu – le monde du travail. Un soupçon. Là je me suis dit que c'était pas pareil que le vol. Que c'était pas le même argent. Mais le monde que je voyais, je le trouvais affligeant. Tous ces mecs donnaient l'impression qu'ils avaient pris perpète. C'était une fonderie, ils poussaient des chariots toute la journée : putain ! Ça faisait trente ans qu'ils faisaient ça !

Le décès de ta mère t'a fait définitivement décrocher ?

Ma mère sur son lit d'hôpital avait donné une pièce de dix francs à ma sœur pour me payer le bus. C'est le genre de trucs qui te fait réaliser que tu as perdu beaucoup. Et ce beaucoup ne reviendra plus jamais. A partir de là, je me suis foutu de la vie. Déjà que l'école et le travail ça ne me disait rien. J'ai continué néanmoins de travailler. J'ai participé à la construction des hôtels à Disneyland. J'ai travaillé comme un connard, il faisait chaud. Je gagnais 6 000 francs et j'en avais 4 000 qui partaient dans le loyer de la maison puisque je vivais tout seul maintenant. Je ne me sentais pas abandonné. Mais je me demandais ce que j'allais faire.

Avec le braquage tu trouves ta voie ?

Pour nous, c'est une consécration. Notre première attaque à main armée avec un flingue ! On s'est dit qu'on allait faire « comme ci, comme ça », et on y est arrivé. On récolte les fruits de dix ans de vols ensemble… On a emprunté les dialogues aux films que l'on a regardés mais c'est le sang-froid acquis lors des cambriolages d'appartements qui a payé. Pour braquer une banque il en faut beaucoup, ainsi que du courage. Parce que tu as énormément peur. Mais ce n'est pas une peur qui paralyse. C'est une peur qui te met la pression et qui t'aide. Comme avant un match. Notre esprit de discipline, le sport que l'on pratique, la vie saine que l'on mène ont été nos meilleurs alliés. En trois minutes, on a pris 240 000 francs. Pas un coup de feu, de vrais gentlemen braqueurs.

Ouais enfin le coup du gentleman braqueur… La victime, tu l'as balancée dans la banque, une cagoule sur le visage et un pistolet à la main…

Bon, disons aussi gentleman que possible.

Je t'ai coupé, tu parlais de votre osmose délinquante.

Notre force, on la doit aussi au fait que l'on a jamais eu de certitudes. On s'est tout le temps remis en question, en s'en posant sur tout. Si l'un des trois ne sentait pas l'option retenue, on n'y allait pas. Il fallait qu'on soit sûr. Et surtout que l'on se fasse confiance.

Lorsqu'après le braquage, je les ai laissés jusqu'au soir, pas une seconde je me suis dit qu'il allait manquer un billet de 500 francs. Quand je suis arrivé ma part était déjà prête.

– Putain Doc ! On l'a faite à la Doc Mac Coy. On a été sympa avec toi, on a pris les billets de 100 et 200 et on t'a laissé les 500.

Cet argent, tu l'as dépensé comment ?

Le lendemain je suis allé boulevard des Capucines à Opéra m'acheter des fringues. Je me rappelle exactement quoi : trois pantalons à pinces Lacoste qui valaient 700 francs, une paire de Weston à 2 000 francs. J'ai pris une ceinture Lacoste, quatre polos, quatre chemises et un blouson Lacoste à 2 500 francs. Ainsi que des parfums. J'ai du en avoir pour 10 000 francs. Il m'en restait 65 000. Ensuite, je me suis acheté ma première Rolex, une Submarina à 13 500 francs. Cash. Et j'ai dit à tout le monde que c'était une fausse…

C'était un autre monde, j'étais plein d'oseille. Le quartier de l'Opéra est devenu notre QG. On se donnait rendez vous au café de la Paix : on y mangeait des éclairs en buvant du chocolat chaud. On a fini par connaître les serveurs par leurs prénoms.

Pour rien au monde on ne voulait abandonner les banques. Elles allaient casquer ! D'ailleurs, c'est pas compliqué, une semaine après, on se demandait déjà quel serait notre prochain objectif.

Avec le fric, on n'a pas seulement mangé des éclairs : on a également investi dans du matériel : gants, perruques, cagoules. On s'est acheté un chronomètre ainsi qu'un petit magnétophone pour enregistrer nos observations. C'est dangereux mais on détruisait les cassettes à peine écoutées. Et surtout on a acheté un holster comme celui de l'inspecteur Harry.

Mais il nous manquait des calibres. On n'en avait toujours qu'un. Alors Stéphane est allé voir un receleur qu'il connaissait et lui a fait à l'envers :

– Putain j'ai un copain qui a des problèmes, il veut un flingue.

– Mais qu'est-ce qu'il a comme problème ? C'est avec des voyous ?

– Non, non, c'est un videur. Il veut se protéger.

Le fourgue a consenti à lui vendre son propre arsenal : un fusil à pompe et des pistolets automatiques Beretta 9 mm. Que l'on a cachés dans un box loué par l'intermédiaire d'un vieux. On a acheté une grosse cantine Tati et des Tupperware pour tout stocker. Et ensuite, nous sommes partis nous documenter. Direction la Fnac, rayon armes, militaria où l'on est tombé sur un bouquin consacré au GIGN que l'on a décortiqué : armes, surveillance, le GIGN en action etc…C'est devenu notre bible.

On parcourait également un livre consacré au Milieu grâce auquel on s'est fait une petite culture du banditisme français, les grands noms, les affaires célèbres, de quoi nous inspirer…

Pour faire quoi ?

Des banques et ensuite leurs distributeurs automatiques de billets…

Pour les taper il fallait attendre la venue du fourgon. C'est comme ça que ça se passait avant. Le fourgon blindé venait, déposait l'argent et partait. Le banquier à l'intérieur récupérait le sac et remplissait les caissettes d'argent dans le distributeur automatique de billets.

Lorsqu'on braquait les banques, on passait une demi-heure, trois quarts d'heure dedans. Et naturellement on s'est intéressé aux dabs : comment ils fonctionnaient, leurs points faibles…etc… Lorsqu'on a décidé de les faire, on savait déjà qu'il y avait un temporisateur. Lorsque tu faisais un dab, à l'ancienne, tu te préparais à rester longtemps dans la banque. Au moins quarante cinq minutes, la durée du temporisateur. Il fallait beaucoup de sang-froid : des clients pouvaient entrer, le téléphone sonnait… etc… Il fallait monter avec des mecs vraiment à l'aise. Mais pas trop non plus…

On a décidé de s'attaquer à une banque de chez nous. On s'est installé dans un café pour repérer le passage de la tirelire. On n'a pas déterminé le jour mais on a évité le mercredi parce qu'il y a beaucoup de femmes qui viennent avec leurs gosses. Parfois pire les mamans viennent chercher de l'argent à la banque et laissent les gosses dans la voiture en double file.

Le fourgon arrivait vers neuf heures. On choisit de faire le dab entre midi et deux lorsque la banque ferme. On serrera le directeur lorsqu'il rentrera chez lui déjeuner. Le jour dit on l'a suivi à trois dans la voiture. On portait des lunettes de soleil, des gants, des moustaches et on était reliés entre nous par talkie-walkie. On s'est garés juste à côté de lui dans le parking en sous-sol de sa résidence et lorsqu'il a ouvert sa portière, mes deux associés l'ont braqué et lui ont dit de remonter dans sa voiture. L'un d'eux a pris le volant, l'autre l'a surveillé, et moi je les suivais, direction la banque. Nous sommes rentrés tous les quatre. Le temporisateur terminé, il nous a ouvert le distributeur. On a pris 250 000 francs dans le dab et 200 000 francs dans la banque. Super. On l'a relâché.

Mais en partant on s'est rendu compte qu'un des employés était resté manger à la banque ! Heureusement il n'avait rien compris. Il a cru qu'on était des potes du banquier tellement on était plein d'assurance. Ce qui me fait penser au jour où je suis sorti de la banque tellement bien grimé que mon pote ne m'a pas reconnu. C'est l'art d'être tranquille, à l'aise, d'avoir le sourire. C'est très important dans un braquage, il faut avoir le visage calme. Le mec crispé, tendu et suant, il n'est pas fait pour ça.

L'employé qui était resté, mon pote l'a braqué et l'a fait monter dans la voiture. On l'a abandonné deux cents mètres plus loin.

A partir de ce jour-là, on s'est dit qu'on pourrait faire et les banques et leurs dabs. On a alors commencé à attaquer dans la journée. Le mode opératoire était toujours le même. On attendait le passage du fourgon et on entrait dans la banque une demi-heure ou une heure après. Pourquoi on attendait une heure ? Parce qu'il y avait des clients que l'on sentait plus ou moins. Une petite vieille qui reste un quart d'heure, une femme avec des gosses, il vaut mieux attendre qu'ils sortent. Même si on restait très concentrés, il y avait toujours un pote pour raconter une connerie :

– Regarde voilà mille francs en moins, et là deux mille francs qui se barrent.

Après c'était classique. L'un d'entre nous rentrait et, si nécessaire, faisait la queue. Si dans la banque, il y avait un bureau avec des vitres fumées, on rentrait à deux. Les deux faisant la queue. Et c'est le premier qui arrivait au comptoir qui annonçait :

– Haut les mains !

L'autre ouvrait la porte du bureau pour les prendre en simultané. Pas l'un avant l'autre. C'est là où c'est un métier. S'il y en a un qui joue plus vite que l'autre, cela ne va pas. Un petit peu comme dans un orchestre. Sinon l'autre ne peut pas rattraper la note. C'est arrivé une fois et on a eu le doute : ont-ils déclenché l'alarme ou pas ? Ce sont des alarmes silencieuses. Du coup on est partis pour ne pas prendre de risque. Une heure après on rentrait dans une autre banque…

Le plus gros butin qu'on ait pris dans une banque, c'est 800 000 francs. En moyenne c'était plutôt 250 000, 300 000 francs. Et on s'en faisait une tous les quinze jours…

D'après la police vous auriez braqué une trentaine de banques et de dab ?

C'est eux qui le disent ! Ce qui est sûr, c'est qu'à cette époque notre vie a changé. Moi j'avais un superbe appart à Chantilly dans une cité résidentielle où il y avait même des banquiers...

Vous ne faisiez plus que ça ?

On ne s'interdisait pas de taper à côté. Il y avait un petit casse à faire dans la micro-informatique ? On y allait. On avait toujours le receleur qui nous achetait la micro-informatique. Un jour on a appris qu'il y avait une formation en informatique destinée aux vieux qui avaient perdu leur boulot et que le local n'était pas surveillé : on a piqué les ordinateurs...

C'est pas franchement glorieux...

Un ordinateur c'était trois mille francs de gagnés, vingt ordis, 60 000 francs. On n'en avait rien à foutre : on était des voleurs !

C'est sur un de ces casses qu'il nous est arrivé quelque chose d'extraordinaire.

On décide de re-casser une affaire qui nous avait déjà rapporté 100 000 francs. Un magasin d'ordinateurs dans lequel on avait pris des Mac Quadra 900 qui valaient à l'époque 30 000, 40 000 francs pièce. Du matériel assez pointu destiné aux agences de communication. Depuis la première fois, le proprio avait fait poser une alarme. On l'a niquée et on lui a refait le magasin une deuxième fois. Les assurances devaient être comme des dingues.

Alors le mec a ce coup-ci installé une alarme de télésurveillance. On avait repéré une petite lucarne à l'arrière. Ce troisième soir, on scie classiquement les barreaux, tout en sachant que ça va se déclencher. Que va-t-on prendre en cinq minutes avant que ces enfoirés n'arrivent ? On ne voulait pas lâcher l'affaire frérot. On casse la vitre et on y va à fond : go, go, go. Moi j'étais spécialiste pour dévisser les câbles des ordinateurs. On se dépêche, on prend des écrans, des unités centrales et on laisse les claviers. Les mecs de la télésurveillance arrivent. On réussit à se barrer par derrière, les decks se pointent aussi mais trop tard.

J'essaye de vendre le blot et mon receleur iranien me dit :

– Tu commences à avoir trop de matos ! Si tu veux j'ai une liste de brokers.

– Des brokers ?

– Ce sont des entreprises qui rachètent du matériel informatique d'occasion.

Il faut savoir que le milieu informatique, et plus tard la B.R.B. fera le même cheminement, comprend un marché parallèle presque équivalent au marché déclaré. Les asiatiques y ont une place de choix. Mais ils sont honnêtes et intègres. La communauté feuj s'y intéresse aussi. Des mecs de la Varenne Saint-Hilaire, de Nogent-sur-Marne, de Boulogne Billancourt, des gros revendeurs informatiques qui cherchent également à racheter au noir. L'un de ces brokers s'appelle Marc I. Le mec accepte tout de suite de me racheter les ordinateurs cash. Il sait qu'ils sont volés, mais il s'en fout. Il roule en 4 × 4, ce qui n'est pas fréquent à l'époque, et trimballe une dégaine de simili-voyou. Je ne le sais pas encore mais ce mec originaire de Marseille a déjà braqué des banques et fait huit ans de placard.

Je travaille avec un deuxième receleur dans le XIXe arrondissement, également feuj. Un jour, je me pointe chez lui avec du matos alors qu'il est avec un mec, un saoudien. Le type ne dit rien mais au moment de partir, en me serrant la main, il me glisse un kleenex. Sur lequel est écrit un numéro de téléphone.

Deux heures après je l'appelle. Le mec me propose de traiter en direct avec lui. Il exporte vers le Moyen-Orient et rachète la majorité du matériel que j'apporte au receleur. Au passage, on se rend compte que celui-ci se fait une putain de marge sur mon dos.

La fois d'après, le saoudien me donne un conseil qui va tout changer…

– Pourquoi tu te prends la tête à voler les unités centrales ? Tu devrais prendre uniquement les barrettes mémoires.

Je n'ai jamais entendu ce mot-là.

– Barrettes mémoires ? C'est quoi ça ?

– C'est la mémoire vive de l'ordinateur. Il n'y a pas de numéro : on ne peut pas remonter jusqu'à toi.

– Et combien ça vaut ?

– Cinq cents, six cents francs l'unité. Je te les rachète deux cent cinquante francs. Et je sais où il y en a … quatre mille. Chez l'un de mes fournisseurs. Si tu veux je lui téléphone, et toi tu passes avant moi.

Quatre mille barrettes à deux cent cinquante francs... Vas-y frérot, compte ! Un million de francs dans un seul magasin ! Je sais pas si tu vois le truc !

L'affaire se situe à la porte de Saint-Ouen dans une zone industrielle. C'est un gros bâtiment surveillé par A.C.D.S., une société de transport de fonds basée à Levallois-Perret.

On va repérer le bâtiment. L'escalier central est muni d'un interphone : si tu n'es ni de l'entreprise ni un client référencé, tu ne peux pas entrer. Il va falloir donc enquiller derrière quelqu'un. Ce qui est loin d'être évident. Devant l'entrée, il y a un grand parking avec des caméras de télésurveillance partout.

L'entrée de l'entreprise, située au douzième étage, est équipée d'un sas à sonnette. A l'intérieur, tu tombes sur une pièce avec une espèce de comptoir et dans celle d'à côté travaille une dizaine de commerciaux. Sur le palier, en face, il y a une société de courtage également hyper surveillée. Entre les deux, il y a un local technique. Voilà la faille, c'est là-dedans qu'il faut se planquer.

Pour être sûrs que c'est la bonne société, on y rentre en leur demandant s'ils connaissent une entreprise de la zone industrielle dont on a repéré le nom à côté. Bruno porte un petit cartable dans lequel on a caché un caméscope. Classique. Un truc bidon. Mais qui nous permet de repérer les lieux et surtout les visages des employés. On sort et on s'en va.

Cela nous paraît trop facile, selon Steph et Bruno, il y

a un problème. On décide de retourner voir le saoudien pour lui faire part de nos doutes.

Le saoudien nous confirme qu'il y a bien 2 500 barrettes mémoires dans des armoires blindées. Il appelle même le mec devant nous qui lui répond : « Oui, oui, vos barrettes sont là monsieur. Elles sont disponibles si vous voulez, vous venez. »

Alors on décide d'y aller. On se pointe à quatre en voiture avec de gros sacs. On a sorti les grands moyens : costumes-cravates, gants, perruques, lunettes de soleil, moustaches, mini-oreillettes reliées directement au poignet comme les gardes du corps, holster avec les automatiques, mallettes avec les sacs à l'intérieur, matraques en plastique, bombes lacrymogènes, serfle pour accrocher tout le monde.

Sur place, le quatrième larron fait le guet avec une oreillette tandis que je monte. Je vais dans le local technique : tout se passe bien. J'appelle Stéphane et Bruno. Je redescends et leur ouvre la porte. On se planque dans le local, pas loin d'une demi-heure. Il fait chaud. Je sors, et là qu'est-ce que je vois ? Les deux portes de la société sont ouvertes. Le temps d'une livraison, ils ont coincé les portes avec un carton. On rentre direct. On tombe sur trente personnes. Il y avait du monde partout. On fait mettre tout le monde à terre. Bruno s'occupe de mettre les serflex. C'est un vrai pro. Il arrive à pincer quelqu'un en dix secondes. Steph et moi on braque tout le monde. Je fais le tour de la boîte et Steph regroupe le personnel au centre de la pièce. On se dépêche et on ferme les portes pour que personne n'entende. Je dis à Steph de rester près de la porte au cas où quelqu'un entre, ça gueule grave. Steph, il a une grosse voix :

– Le premier qui relève sa tête je le bute.

Bruno attrape quelqu'un :

– Les barrettes mémoires ?

– Quelles barrettes mémoires ?

Le mec prend un coup de crosse direct. Je m'approche et je lui mets le canon du calibre dans la bouche.

– On n'est pas là pour rigoler. Joue pas au héros ! On n'est pas là par hasard. Pense à ta famille, ne joue pas au con.

Le mec nous amène à l'armoire. Il ouvre. Que des barrettes mémoires. Je remplis les sacs de cinquante kilos. On a peur qu'ils craquent. C'est une telle galère de les porter que j'appelle le quatrième en renfort. Ils les descendent à trois tandis que je reste seul dans la pièce.

– On se calme, je ne veux rien entendre. Si j'entends le moindre bruit ça va être un massacre.

Et je me casse.

On a des milliers de barrettes mémoire à nos pieds, mais on est pris d'un sérieux doute. Les receleurs, Marc et le saoudien vont-ils être à la hauteur ?

Marc le premier dissipe nos craintes :

– De la barrette mémoire ? Je t'en prends tout de suite deux-mille, cinq-mille.

Idem avec le saoudien.

– D'accord les mecs, vous allez les prendre et les vendre. Mais comment on fait pour se faire confiance ?

On redoute le piège. Grand prince, je décrète que ces mecs tiennent la route et qu'on peut y aller. Je décide de leur donner mille pièces chacun. Ils reviennent vingt-quatre heures après et nous ramènent 500 000 francs. On leur en redonne autant dans les trois heures qui suivent ; ils nous ramènent de nouveau 500 000 francs. On s'est fait un million de francs en deux secondes…

Y'a pas de sas, pas de caméra, pas de gardien, pas de boutons d'alarme directement reliés à la police, on ne peut pas se faire braquer, c'est une mine d'or !

On en parle aux receleurs, ils en veulent plus, plus, plus !

Et là c'est un truc de malades. Marc me donne une nouvelle adresse en plein Paris.

– Là-bas tu en auras au moins cinq mille ou six mille.

Je vois déjà les 1 200 000, 1 500 000 francs.

Mais il me précise :

– Il y en a deux mille de huit mégas, mille de seize mégas, cinq cent de trente-deux mégas, les plus rares, et le reste c'est des barrettes de quatre.

Les huit mégas ça vaut cinq cent francs, les seize méga mille francs. Et ainsi de suite ! C'est des trois millions, quatre millions de francs… putain c'est la première fois qu'on peut se prendre un million direct chacun.

On passe devant l'adresse à Paris : on n'y croit pas. Une vitrine, un petit bureau devant, deux autres derrière dans lesquels sont stockées les barrettes mémoires. Il n'y a même pas de sas. Encore moins de caméras. En revanche, il y a une alarme et des rideaux électriques. Tu ne peux pas les cambrioler. C'est impossible. Mais les mecs n'imaginent pas dix secondes qu'ils peuvent être braqués.

Après le premier casse, on achète *Le Parisien*, il n'y a rien dans l'édition nationale, mais dans l'édition régionale on lit que la brigade de répression du banditisme, la B.R.B., est chargée de l'enquête. Les flics vont faire le même chemin que nous dans l'informatique, mais ils vont mettre deux, trois ans. Et pendant cette période, on va faire un massacre.

La B.R.B., vous êtes passés dans la cour des grands…

A la B.R.B., ils sont interloqués : des braquages à plusieurs millions de francs, dans l'informatique, est-ce que ce sont des ordinateurs ? Ils n'ont, comme nous, jamais entendu parler des barrettes mémoire, mais ils comprennent tout de suite que c'est une commande. Et qu'il va leur falloir infiltrer le marché parallèle. Ils vont mettre les brokers sur écoute, attraper des petits receleurs. C'est un monde qu'ils ne connaissent pas, qui n'appartient pas au Milieu traditionnel. Mais c'est bien du banditisme et pour eux, pas de doute, ce sont des pros qui ont fait l'affaire.

Nous, on va en taper une deuxième. Ce jour-là, il est neuf heures du matin. Je rentre en premier dans la société, je pousse la porte vitrée, le mec est au téléphone, j'attrape le combiné et je raccroche. Les deux autres me suivent. Le temps que je rentre l'un d'eux, déguisé avec une moustache, une perruque, des lunettes et une casquette, est allé distraire la vieille qui tient la boutique en face et qui n'arrête pas de mater.

On va au fond de la boutique, tout est dans des cartons. Mais ils prennent trop de place et on est obligés de les ouvrir et de déballer. On reste une heure et demie. Le sang-froid acquis dans les banques nous a servi. Quand le téléphone sonne, on ne répond pas. Quand un client arrive, hop, on le met dans la pièce du fond avec les autres. Et on repart.

On vend ça en une semaine, et on se retrouve avec 1 250 000 francs chacun. Les rois du pétrole. On va voir les receleurs.

– Vous en voulez encore ?

– Amène, amène... ça part à l'étranger, ça part au Maroc, en Jordanie...

Quinze jours après on repart sur un autre coup. Un coup en or.

Mais qu'est-ce que tu fais avec tout ce pognon ? Et pourquoi risquer ta liberté alors que tu en as déjà tant ?

On achète des grands pots de confiture. On les vide. On met le fric dedans. On ne veut pas le laisser dans les sacs : on a peur que les rats ou les taupes nous fassent la peau. On creuse un trou et on met l'argent là-dedans. Ça bouge pas.

Qu'est-ce qu'on fait avec tout ce pognon ? On porte des Rolex, nos copines portent des Rolex. On a toutes les fringues de marque, des Weston : les noirs, les marrons, les golf, les ceintures ... On prend des appartements. Mes deux potes optent pour les beaux quartiers parisiens.

Comment faites-vous sans fiche de paie ?

C'est pas compliqué. J'ai un ami qui gagne très bien sa vie. Il m'ouvre un compte en banque à son nom et fait les chèques pour les loyers ou les factures EDF-GDF. Il va à Chantilly visiter les agences immobilières et tombe sur un mec à qui il explique qu'il souhaite le maximum de confidentialité parce qu'il veut louer une sorte de garçonnière. Il lui paye six mois d'avance, la caution… et lui demande les clefs tout de suite pour y aller avec sa copine.

C'est une résidence de grand standing : terrasse, parking en sous-sol.

J'achète une BMW 325i cabriolet avec la même combine. Je lui donne l'argent en cash, et lui paye avec son compte en banque perso. Bien sûr, je le rémunère pour ça : cadeaux, fringues, bijoux, parfums… et en plus il prend quinze pour cent. Il n'a jamais eu un problème : 60 000 francs bien gagnés.

Mes potes eux ont acheté une Porsche et une Lamborghini Diablo. Avec le même système que moi : des potes blindés à qui ils filaient du liquide.

Certes, mais c'est plutôt voyant…

Ouais, on s'en est vite rendu compte et, au quotidien, on s'est mis à faire profil bas en achetant des véhicules commerciaux : une Clio, une 306… que l'on changeait tous les quatre mois tout de même, mais personne ne s'en apercevait. On était toujours en chemise-cravate : on passait pour de vrais commerciaux.

On dépensait aussi pas mal pour nourrir nos familles et remplir les frigidaires des frères et sœurs… On faisait également beaucoup d'achats inutiles. On passait nos journées à faire du shopping. On achetait plein de disques, on allait au cinéma… l'argent partait vite ! On ne savait plus que ce que c'était, on ne regardait plus les prix.

Comme on n'avait pas de vice, ni alcool, ni drogue, ni putes, on voyageait. Je les ai d'abord invités en Algérie. Ils ont hésité, « Les arabes, ils vont nous égorger », avant d'accepter à ma grande surprise. Stéphane en a profité pour aller en pélerinage sur la tombe de son grand-père à Alger. De retour à Paris, ils m'ont proposé d'aller visiter leur famille en Israël :

– T'es cap ?

J'ai accepté immédiatement. Ensuite on ira aussi à New York. Là, on se la faisait grandiose : Waldorf Astoria et Fours Seasons pour les hôtels, hélicoptère au-dessus de Manhattan. On a fêté l'anniversaire d'une copine en haut de la Statue de la Liberté en faisant livrer un gâteau… On est allé à Las Vegas et on s'est pris la suite qu'on avait vue dans *Rain Man* avec Dustin Hoffman et Tom Cruise à 3 500 $ la nuit. On se faisait Las Vegas-Los Angeles en voiture décapotable. Ensuite, on s'envolait pour l'Afrique du Sud puis Israël, sans oublier l'Europe : Espagne, Suisse, Angleterre, Belgique, Hollande… etc… Stéphane et Bruno se tapaient aussi toutes les îles avec des nanas : Tahiti, les Maldives, les Seychelles, la Réunion, les Antilles, Hawaï … Ils sont également allés en Chine, en Australie…

On avait tellement d'oseille que parfois on oubliait même des caches. Un truc de fou. Une fois, dans ma salle de bains, je suis tombé sur une bouteille de XS de Paco Rabanne dont l'emballage était rempli de francs suisses : trente barres que j'avais oubliées.

Je distribuais aussi pas mal de biftons à droite à gauche. Un jour je devais retrouver Marc au Café de la paix où il devait me filer 800 000 francs. On utilisait toujours la même méthode : je laissais la marchandise dans le coffre de ma voiture au parking Opéra, il la récupérait et y déposait l'argent. Ce jour-là j'étais accompagné par deux potes de Creil, Naïm et Karim qui me balanceront d'ailleurs sur mon train de vie lors d'une garde à vue. Comme je ne voulais pas qu'ils voient les 800 000 francs, je leur ai donné des poignées de billets que j'avais sur moi et ils sont allés s'acheter des fringues pour eux et leurs copines.

T'aurais pu devenir rentier en achetant un restaurant ou un bar ?

Stéphane et Bruno ont investi en Israël dans des terrains, dans un restaurant, dans des appartements. Ils ont été malins. Pas moi. J'ai toujours enterré mon argent. Tu es tellement habitué à avoir cette vie de braqueur, de sentir l'argent que tu as envie de continuer et de ne pas arrêter. C'est pathologique, tu es une sorte de malade, mais tu ne le sais pas. C'est plus tard, une fois en prison que tu réfléchis, que tu prends du recul. Et tu trouves des réponses. Lorsque j'allais les rejoindre en Israël pour un ou deux mois, on s'emmerdait. Les affaires nous manquaient. Un jour on a pris un cahier pour préparer nos futurs coups au lieu d'aller faire du jet ski ou de la plongée.

Le problème c'était notre absence de vices. Sans s'en rendre compte, on se shootait à l'adrénaline des bracos et on était devenus dépendants. Pendant les vacances on avait des montées d'angoisse, comme un état de manque.

Et puis on avait la passion du travail bien fait. On cherchait des affaires de plus en plus sophistiquées, on les décortiquait, on essayait de tout prévoir. Quand on y arrivait, qu'il n'y avait ni tués, ni blessés, que tout le monde rentrait à la maison, on avait le sentiment d'avoir apporté quelque chose de scientifique au braquage.

Vous avez souvent changé de méthode ?

Alors qu'on préparait une affaire, Stéphane me lâche :

– Doc, pourquoi on se prend la tête à rentrer dedans ? On pourrait leur faire une prise d'otages ?

– T'as raison : on va lever le directeur…

Nous sommes partis à la chambre de commerce demander le K-Bis de telle société : ils ne demandaient même pas de pièce d'identité et souvent c'était gratuit. Grâce à ce document, tu connaissais le nom du gérant et son adresse.

Ensuite, on s'y est pointé et on a repéré une Mercedes. On en a déduit que ce devait être à lui. C'est lui qui fermait le soir, qui ouvrait le matin : ok, le lendemain matin on irait chez lui…

Rebelote :

« Pense à ta famille, joue pas au héros, on ne te fera pas de cadeau. Tu es assuré, tout ce qui nous intéresse c'est ta marchandise, qu'est ce que tu as ? Où est-ce que c'est ? Quelle est la configuration des lieux est ce qu'il y a un code pour prévenir la télésurveillance ? »

On l'a accompagné, il a désactivé le code : allez hop, 5 000 barrettes mémoire. Nos deux receleurs nous ont donné l'oseille, tout allait très bien.

Un jour on s'est mis sur une autre affaire du côté de Levallois. On a embauché un nouveau, Jérémie, une bombe atomique, un mec du plateau de Creil, intelligent, courageux, malin avec un sang froid impressionnant. On l'avait repéré et on avait déjà tapé une fois ensemble. Sur ce coup-là, il nous a ramené les voitures. Avec ses potes du plateau, c'étaient des spécialistes.

Une fois sur place, alors que l'on était encore dans la voiture, on a vu le mec de l'entreprise sortir, gagner le bâtiment en face en laissant ses bureaux vides...

– On y va !

On s'est planqués dans les chiottes et on a attendu. Cinq minutes plus tard, il est revenu avec cinq femmes, et s'est installé dans un bureau. Nous, on a enlevé nos pompes et on est sortis pieds nus pour ne pas faire de bruit dans les escaliers. On est montés, et on les a braqués. Il y avait des barrettes mémoire en stock mais pas énormément. Le coffre recelait autre chose : des microprocesseurs. On ne savait pas ce que c'était, mais si c'était dans la chambre forte, c'est que ça valait de l'argent : on a tout pris. Un microprocesseur Pentium valait en fait 6 000 francs, mais on ne le savait pas. Et ce matin-là, on en a pris pas loin de 9 000…

On est allé voir Marc et le Saoudien, on les leur a revendus mille balles pièce, fais le calcul… ça frisait le milliard.

Après ça, on s'est dit qu'il nous fallait un putain de coup ! On est partis en vacances, on a dépensé, et planqué le reste. On était en 1995, j'avais vingt-trois ans.

En décembre, je me suis dit « ça fait longtemps que je ne me suis pas tapé une banque ! ». Les autres m'ont traité de dingue :

– T'es pas sérieux !

– La vie de ma mère, ça fait trop longtemps qu'on n'a pas fait de banque. Vous voulez pas venir ? C'est pas grave, je connais d'autres mecs de mon quartier.

J'y suis allé avec Jérémie et un autre pote de Creil. On s'est tapé la BNP de Creil. Et le deuxième m'a balancé…

C'était mon défaut : j'étais bourré d'adrénaline, je ne pouvais pas me tenir tranquille. Les autres partaient en vacances, moi j'aimais taper tout ce qui bouge.

Tu te mélangeais avec des lascars venus d'autres cités ?

Oui, il m'arrivait de taper sans l'équipe des « Parisiens » alias la « Feuj Connection » de Barbès. C'est le cas pour la BNP de Creil, située dans le quartier de la Cavée de Senlis. Je ne connais pas un seul braqueur de banque qui n'ait pas tapé l'agence qui gérait son compte ou celui de ses parents. Je ne coupe pas à cette fameuse règle. Pleins aux as après la découverte du filon barrettes mémoires, les potes de Paname ne comprennent pas mon besoin de refaire une banque. Ils sont convaincus que je cherche les emmerdes. Ils n'ont peut-être pas tort. Mais à l'époque, je suis jeune et j'ai une réussite insolente dans ce genre d'affaire.

Tu t'imaginais invincible ?

Je pensais maîtriser n'importe quelle situation. Ouais, tu te sens, ou plutôt tu te crois invulnérable et t'es sûr et certain qu'il ne peut rien t'arriver. C'est faux bien sûr, mais c'est ce sentiment de force qui te permet de gravir les échelons du banditisme.

Tu n'as pas pu te calmer et donc t'es reparti sur une banque… Raconte ?

Le truc qui fait que tu braques ta propre banque, c'est tout simple : tu la connais par cœur ! Pas besoin de repérer le personnel, tu connais même pas leurs prénoms, ni les lieux et encore moins les horaires. Tu n'as rien à préparer. Bien sûr, tu ne commets pas l'imprudence le jour J de faire comprendre au personnel que tu connais le moindre détail sur eux.

Pourquoi ?

Parce que les flics sont loin d'être cons… Ils comprendront de suite qu'il y a complicité ou que le gars a un compte enregistré dans cette banque. Ils connaissent leurs classiques. Quand tu montes au braco, tu réfléchis à deux choses : la meilleure manière de réussir ton affaire et l'enquête de la P.J. qui va suivre. Si tu arrives à répondre à ces deux problématiques, alors tu ne paies pas le coup. Pour la BNP, on était au mois de décembre. La période du Père Noël inspire toujours les voleurs. On a logé le domicile du dirlo de l'agence. Avec les deux potes de Creil, on a décidé d'y aller déguisés avec des masques de carnaval, et que l'un de nous en plus serait en Père Noël.

Un mardi soir, donc, le Père Noël sonne au domicile du directeur de la banque. Le mec ouvre et se fait braquer. On rejoint notre complice dans la foulée. François Mitterrand, Jacques Chirac et Valéry Giscard d'Estaing sont maintenant dans le salon. Et là, c'est parti pour le cinéma : « Bonsoir ! Bonsoir ! Nous sommes les anciens présidents ». Les bras en l'air, les doigts en V, des cadeaux pour toute la famille, des chocolats et des bonbons à gogo, la voix souriante… C'est la fête, quoi. Bref, un groupe d'inconscients en puissance.

Vous vous croyez dans un film ?

Sauf que ce n'est pas un film et le directeur va vite s'en rendre compte. Mais pour répondre à ta question, le film *Point Break* avec Keanu Reeves m'a beaucoup inspiré. L'histoire d'une bande de braqueurs affublés de masques d'anciens présidents des Etats-Unis et qui déciment les banques californiennes. D'ailleurs, en quittant le domicile du banquier pour aller à son agence, j'emprunterais cette phrase du film en criant les deux bras en l'air : « Merci. Merci beaucoup d'avoir voté pour moi ! »

Et ensuite ?

Après avoir passé la nuit au domicile du banquier, je suis parti vers sept heures et demie déposer un Renault Express sous-marin avec vitres teintées devant la banque. Je l'ai garé juste en face du sas. J'ai laissé la voiture avec mon pote planqué à l'arrière et muni d'un talkie-walkie. Après avoir attendu dix minutes planqué dans le hall de l'immeuble qui jouxte le sas au cas où quelqu'un installé à sa fenêtre repère notre manège, je file rejoindre le troisième larron resté au domicile, tout proche, du dirlo. Là, je le briefe :

– Je ne te ferai aucun mal, ni à toi, ni à ta famille. Si tu déconnes, tu nous mets tous dans la mélasse. Et toi avec. Les choses vont se passer exactement comme tu as envie. Elles peuvent très bien se passer, comme elles peuvent très mal se passer. C'est toi qui choisis. Alors ne cherche pas à jouer au héros. On va à la banque et tu fais ce que je te demande. Ok ?

– Pas de problème monsieur !

On prend sa voiture et là, je lui demande de ne surtout pas me dévisager. Je suis habillé comme lui : costume-cravate, chaussures de ville, mallette. La différence, c'est que j'ai mis une perruque, une fausse moustache et une paire de lunettes de vue. En partant, je préviens le complice resté au pavillon du banquier que je l'appellerai sur le téléphone portable une fois l'opération terminée.

J'arrive devant la banque. J'ai une oreillette reliée à mon talkie que j'ai isolé au niveau de ma ceinture. J'appelle le « Soum » :

– Tu me reçois ?

– Impeccable ! Ne sors pas de la voiture maintenant il y a la femme de ménage de la boucherie d'à côté qui sort les poubelles…

Je demande au dirlo de faire le tour du pâté de maisons. Surtout qu'il ne fasse pas de vagues. On reste calmes. On constate que la femme de ménage a laissé la porte de la boucherie ouverte. Elle peut ressortir à n'importe quel moment. Je lui demande de se garer et de ne pas regarder vers la boucherie, sinon la bonne femme va venir taper la discussion avec nous, et je ne me vois pas l'inviter à venir boire le café. Il se gare et on sort.

– Souris lorsque tu marches. T'es content d'aller taffer. Le plus naturel possible s'il te plaît.

Il joue le jeu et me sourit.

– Super. Continue comme ça jusqu'au sas, mais s'il te plaît, évite de me dévisager.

En face du sas, il y a l'arrêt de bus de la Cavée de Senlis. Et qui est là en train d'attendre le bus à huit heures du mat ? Karim H. ! Un mec sympa. Un jeune garçon issu d'un quartier que l'on appelle Chicago à Creil. Je l'apprécie beaucoup vu que j'ai commis pas mal de petits larcins en sa compagnie durant ma jeunesse. Va-t-il me reconnaître ? Il nous regarde et ne calcule rien. Je respire car c'est le genre de kamikaze à participer au coup avec toi si jamais il te reconnaît. J'ai eu chaud.

On pénètre dans la banque à huit heures quinze. Si

on entre avant, une alarme silencieuse se déclenche. Le directeur débranche le dispositif de sécurité de la banque. Immédiatement, je lui demande de faire l'appel de sécurité vers l'agence principale en ne changeant pas sa voix… Il s'exécute et compose le numéro. Il donne la phrase-clé à son interlocutrice et raccroche. Tout se déroule comme prévu pour l'instant. Vers huit heures trente, mon oreillette grésille :

– La Blonde arrive…

J'envoie le dirlo lui ouvrir le sas. Sa collègue pénètre dans l'enceinte de la banque et très calmement, je lui explique la situation. Elle s'assoit sur le fauteuil réservé aux visiteurs. Les rôles se sont inversés. Je suis le directeur en ce début de matinée. Je n'arrête pas de les rassurer. A aucun moment je ne pointe mon 357 sur eux. D'ailleurs, il est placé dans mon holster. Le même que Belmondo dans *Peur sur la ville* ! Tout est calme à l'extérieur. Huit heures cinquante :

– Tu me reçois… La deuxième femme arrive…

Rebelote. Le dirlo ouvre le sas à la deuxième employée. Je répète le même manège. Mais la dame est plus paniquée que la précédente. Je l'amène dans le bureau. Elle est stressée. Le dirlo m'aide à la calmer. Normalement ce matin il aurait dû passer la chercher à son domicile. Heureusement, j'avais pensé à amener un téléphone avec micro haut-parleur. La veille, à mon initiative, il l'avait appelée en prétextant une panne de sa voiture pour lui dire de venir en taxi. Elle comprend maintenant le sens du coup de fil.

C'est long. Et là, tu fais quoi ? Tu prends l'argent et tu pars ?

Pas encore, malheureux ! L'agence ouvre ses portes à neuf heures et l'alarme des coffres ne peut être débranchée qu'à partir de neuf heures dix.

Comment tu fais pour canaliser les clients ?

Je demande au directeur de prendre une feuille et d'écrire avec le marqueur que je lui tends : « L'agence ouvrira ses portes exceptionnellement à dix heures ce matin ». Sitôt dit, sitôt fait. Il fait exactement ce que je lui demande et accroche la feuille à la porte vitrée. Lui, et surtout pas moi. C'est le début de l'A.D.N. et je m'en méfie comme de la lèpre. Ça marche puisque deux à trois clients qui se présentent à l'ouverture repartent comme ils sont venus après avoir lu la mention sur la porte.

Le directeur débranche l'alarme des coffres et compose le numéro de téléphone de l'agence principale pour le contre-appel de sécurité. Tout est en ordre. On ouvre les coffres de la banque. Pas moins de 200 000 francs. On débranche maintenant l'alarme du distributeur automatique qui contient un peu plus de 300 000 francs. Ainsi que l'alarme de la vidéosurveillance. Le hic, c'est que celle-ci possède un retardateur. Trente minutes à attendre encore. Il y a toujours des clients qui se présentent devant l'agence. A chaque fois, ils lisent la notice et repartent. A chaque fois, mon complice du soum me prévient de leur va-et-vient. Neuf heures quarante cinq. Moment de panique pour le directeur. Une fois le système du retardateur terminé, il n'arrive pas à retirer la cassette et panique à l'idée que je m'énerve. Je le rassure en lui expliquant qu'il n'y a plus de courant. Là, je lui demande calmement d'ouvrir la première porte du sas et de marcher sur le paillasson. Ce qui redonne une impulsion électrique et rallume le magnétoscope. Il est éberlué et se demande comment je sais cela. C'est peut-être parce que j'ai regardé trop de films de gangsters, *my friend* ! Je les remercie pour leur collaboration et les accroche entre eux avec des menottes « Smith et Wesson » que tu trouves qu'aux States, c'est pour embrouiller la P.J. Je ne les ai pas serrées et en sortant, d'un rapide coup d'œil, j'aperçois une employée retirer sa main pour prendre une cigarette. Je la tance du regard. Elle remet sa main dans la menotte. Je lui souris. J'appelle mon collègue :

– Je peux sortir ?...

– Vas-y, mon pote. *Vamos* !

Je sors et je prends la voiture du dirlo. Je démarre et le soum s'active à son tour. Il va récupérer notre complice au pavillon. J'appelle celui-ci à l'aide d'un téléphone « toc » spécialement acheté pour l'occasion :

– Allo ?... Ouais, c'est moi. Tout est ok. Il passe devant ta porte dans deux minutes. Tchao.

Lui, pendant qu'on opérait à la banque, il a tout mis dans un sac poubelle : le téléphone à haut-parleur, l'habit du Père Noël, les masques...

Je lâche la voiture du dirlo en direction de Paris, toujours pour embrouiller la P.J...., et je traverse un quartier de Creil. Je regagne la planque où les autres vont me rejoindre.

– Quel bordel faut faire pour taper une banque de nos jours...

C'est pas les années 80...

C'est là que je comprends les potes de Paname. C'est vrai, ils ont raison. Faut arrêter de taper les banques. Mais qu'est ce que tu veux, à l'époque, je n'étais pas Blanche-neige. Je n'étais pas quelqu'un de sage.

T'avais tout de même la satisfaction du travail bien accompli ?

Quand même pas. C'est pas un boulot « officiel » pour se permettre ce genre de sentiment. Maintenant, le fait que tu n'aies blessé personne est un vrai soulagement. Naïvement, on se dit que l'on n'a pas fait de mal. On considère que le vol a été réalisé par ruse. Une arnaque quoi, rien de grave.

C'est quand même violent, et même, très dangereux.

C'est un recours à la violence, certes. Je suis d'accord avec toi. Mais pour moi, en tout cas à l'époque, ça restait du bluff. Tout résidait dans la psychologie. On mettait la pression juste au début, puis on la relâchait. Ensuite il faut rester calme, ça rassure le client sur nos intentions, il sait que c'est en faisant ce qu'on lui dit qu'il a le plus de chances de s'en sortir. Alors il ne fait pas le con. Tout ça c'est une arnaque sans nom car la menace n'était pas réelle : à la moindre fausse note, on aurait plié bagages et taillé la route.

Ça, sur le coup, les victimes ne le savent pas…

A cet instant, je ne mesure pas l'ampleur et la gravité du préjudice moral que j'ai causé à ces personnes. Quand bien même tu ne blesses pas les gens sur tes coups, il est évident que tu les traumatises. Je l'ai compris lorsque je me suis retrouvé en face d'eux dans le box d'une cour d'assises. Le simple fait de braquer une arme – même factice – vers quelqu'un peut avoir des conséquences irréversibles.

Tu regrettes ?

J'étais très jeune. Est-ce que l'on peut revenir en arrière ? La machine à remonter le temps n'existe pas. Je ne vais pas te la jouer repenti en t'exprimant tout un océan de regrets.

Revenons aux affaires. Après le braquage de la BNP de Creil, tu décides donc de ne plus te mélanger et de ne plus monter au braco sans tes associés parisiens ?

Pas encore ! J'ai un receleur de bijoux qui vient de faire son apparition et qui est plein d'oseille. Le « Fourgue » te rachète toute la marchandise à dix pour cent de la valeur, les deux tiers payés cash à la livraison, le reste, deux mois après. C'est toujours comme ça. Ça me donne l'envie de faire une bijouterie, mais c'est très chaud comme business parce que c'est de la marchandise dangereuse que tu refourgues. Tu es amené à revoir plusieurs fois le receleur avec le risque que ce « commerçant » soit pisté par les flics. Quand une bije est tapée, les Decks mettent une pression terrible sur tous les fourgues qu'ils connaissent. Il n'y a que comme ça qu'ils peuvent serrer les mecs. Mais surtout, il faut récupérer les bijoux. Les assurances sont derrière et poussent à mort l'enquête. La P.J. a tissé une toile d'araignée dans toute la France et même en Europe. Ils connaissent leur monde en région parisienne, mais aussi à Anvers. Faut faire gaffe avec la « came ».

Les gars de Paname te suivent sur cette affaire ?

Bien sûr que non ! Ils disent que je suis complètement barje. Ils se disent que je suis « radioactif ». Limite, ils m'évitent. C'est désespérant pour eux. Ils ne cherchent même plus à me raisonner. Ils ont abandonné cette idée là. De toute façon, à cette période, ils étaient en partance pour les îles du Pacifique. Deux mois à se galérer sous les palmiers et sur le sable... Stéphane, il te raconte ses vacances, il te parle de poissons, des pierres sur le sable et du coucher de soleil...

Garde la pêche avec tes coquillages ! Bonnes vacances ! Mais ce sera sans moi. J'ai un film en tournage sur Chantilly.

La grande bijouterie de Chantilly ?

C'est ça : la plus belle de la région. Tous les bourgeois de Chantilly et du Lys de Lamorlaye s'y bousculent, les jockeys et les riches propriétaires certes, mais aussi des types comme l'Aga Khan. Des milliardaires de chez milliardaire. Je connais bien la ville car j'ai été au lycée à Chantilly. De surcroît, je venais souvent donner un coup de main au père d'un pote de Creil. Des juifs marocains qui tenaient un stand de frusques sur le marché situé à dix mètres de la bijouterie. Mon pote s'absentait parfois car il suivait des études et son vieux père avait besoin d'un coup de main pour remballer sa marchandise. Je n'avais jamais remarqué la boutique. Quelle belle surprise de la découvrir dans un lieu que je connais parfaitement.

Tu décides de la taper de quelle manière ?

Elle est en plein centre-ville. A moins d'y pénétrer à la Pink Panther, je ne vois pas comment tu peux éviter de recourir à la « Perquise ». On va « perquisitionner » le domicile du directeur. Le problème, c'est que les mecs de Creil qui vont taper avec moi l'affaire ne sont pas de la même race de voleurs que Stéphane et Bruno. Ces derniers sont de purs attaquants. Vifs, rapides et au sang-froid impressionnant. Ces mecs de Creil sont moins pros, et ce n'est pas le courage qui les étouffe. Plus des « suiveurs » que des meneurs. Je décide que l'on va y aller calmement. On va mettre en place le même cinéma que l'on a utilisé pour la BNP. Pour moi, c'est du classique maintenant. Le plus dur, c'est de « loger » le dirlo et d'enquiller chez lui sans se faire remarquer. Un travail d'observation et une filature en dentelle étalée sur plusieurs jours nous permet de savoir qui est le boss qui détient les clefs et où il habite.

Peux-tu m'expliquer ce que tu appelles une filature en dentelle ?

Lorsque tu observes le procédé d'ouverture et de fermeture d'une boutique, tu repères vite le degré de responsabilité des employés. Il y en a toujours un qui se détache du lot. Toujours. C'est la grande faiblesse des mesures de sécurité. Ils sont obligés de confier cela à des êtres humains. Une leçon apprise auprès d'un grand de Creil, l'as de la cambriole. Sa devise : « un truc qui se ferme, il s'ouvre, il suffit juste de trouver la faille. » Technologie ou pas, il y a toujours une intervention humaine derrière, c'est le maillon faible.

Ensuite, pour savoir où cette personne dort le soir, il te faut la suivre. Là, tu prépares des véhicules différents et qui soient opérationnels le soir pour la fermeture de la bijouterie. Quand bien même tu as trois véhicules reliés par des talkies-walkies, il ne faut pas prendre le risque de suivre la cible jusque chez elle. Les bijoutiers sont des gens extrêmement méfiants. On se relaye à trois bagnoles sur huit cents mètres et on s'arrête. Le lendemain soir, on reprend la filature à cet endroit. Et ainsi de suite jusqu'au domicile du dirlo. Une fois qu'il est logé, on place un soum en face de son domicile et un autre pas loin de sa boutique.

Comment tu as appris tout ça ?

En 1993, lorsque Toto Riina, le big boss de Cosa Nostra en Sicile, s'est fait péter par les carabiniers italiens, un responsable policier a expliqué dans les journaux le procédé de la filature en dentelle qui a permis de loger le parrain mafioso. Petit à petit, pas à pas, étape par étape… « *Piano-piano* », comme ils disent ! Et nous, on lit la presse.

Mais pour bien maîtriser la technique on passe des heures à s'entraîner sur le périph parisien. On choisit des cibles au hasard et on les filoche à trois voitures. Et ce jusqu'à ce qu'on soit aussi bons à ce petit jeu que les condés !

Avec tous les efforts que vous déployez, vous espérez en tirer quoi de ce hold-up ?

Sachant que le gars a les clefs de la boutique de Chantilly, mais aussi les clefs de son autre boutique au centre-ville de Creil, on va se retrouver avec pas moins de cinquante millions de francs lourds de valeur marchande. Cela représente cinq milliards anciens de l'époque, presque huit millions d'euros. C'est une belle bijouterie. On va leur faire à la *Reservoir Dogs*. Comme dans le film de Quentin Tarantino, on s'appellera par des noms de couleurs devant les « employés » : Monsieur Jaune, Monsieur Vert, Monsieur Blanc...

La suite est simple. On décide d'intercepter le dirlo dans le sous-sol de son immeuble. Le gars quitte sa boutique et arrive vers dix-neuf heures quinze devant le portail électrique qui ferme l'accès au garage souterrain de sa résidence. On enquille derrière lui et on attend qu'il se gare pour l'intercepter dans ce lieu désert. Je suis au volant et je lui demande le bip du garage. On ressort comme on est venus. On part à l'opposé de la ville. Deux autres gars restent avec lui dans un soum. Mais le mec joue au dur et refuse de collaborer. Tu sens qu'il va jouer au héros. Je ne prends pas le risque de monter les escaliers de l'immeuble avec cet inconscient. J'irais avec C. alias Monsieur Blanc, un pote du lycée. On revient à l'appartement. On a les clefs. Je fais tourner la serrure et j'entends derrière la porte la femme du dirlo : « C'est toi ? » Surpris, je lui réponds : « Oui, c'est moi ». Elle m'ouvre et je lui colle ma main sur la bouche pour éviter qu'elle ne crie. Je la dirige vers le salon et je lui dis que je vais enlever ma main et qu'elle ne doit surtout pas crier. Elle obtempère en acquiesçant de la tête. Je lui sors le discours habituel :

– Madame, on n'est pas là pour vous violenter. Je ne vous ferai pas de mal. C'est la bijouterie qui m'intéresse. Si j'ai les clefs de chez vous, c'est que l'on a votre mari. On sait tout sur vous et les boutiques. Demain matin, tout cela sera fini. Donc pas de gestes inconsidérés, OK ?

Bizarrement, elle est rassurée. Elle n'est pas détendue mais elle est calme. Limite, elle gère son stress. Je le remarque tout de suite et je ne l'accroche pas.

Mais c'est aussi simple que ça : il suffit de parler et les gens t'écoutent ?

Encore une fois, c'est une question de méthode. C'est un duel où je me sers de la force comme moyen de dissuasion. Il faut convaincre l'autre que tu es plus fort que lui, et que résister ce serait courir à sa propre perte. La vraie subtilité de cette méthode, c'est de l'amener à faire le choix de t'obéir. L'autre « choisit » ton camp pour sa propre survie. Si tu le fais bien, la personne va tout faire pour que tu réussisses ton coup, sa survie en dépend. Et elle va même t'apprendre des choses que tu ne connais même pas. Tu as éliminé un problème et tu as renforcé ton équipe avec une recrue de choix pour faire ton braquage !

C'est dans quel film que tu as appris un tel machiavélisme ?

Non, c'est du professionnalisme ! On ne fait pas long feu dans le braquage avec un pois chiche dans le cerveau. Il faut maîtriser tous les aspects, le renseignement, l'analyse de la situation, des protagonistes, des rapports de force, et enfin la mise en œuvre opérationnelle qui, elle, se perfectionne avec l'expérience. Pour cela, il faut être très ouvert d'esprit et apprendre des autres, écouter, lire, s'informer. Mais pour répondre à ta question, cette fois-ci, ce n'est pas un film qui m'a inspiré. Il m'arrivait de me mêler aux discussions d'un de mes frères avec un de ses potes, ils étaient passionnés de géopolitique et de stratégie militaire. Par exemple, pendant la guerre du Golfe, ils passaient des nuits à analyser « Tempête du désert », avec des citations de stratèges en veux-tu en voilà. L'une d'entre elles m'a marqué : « La stratégie, c'est de faire concourir tous les moyens à ta disposition pour aboutir à une désintégration morale et psychologique suffisante de l'adversaire afin qu'il soit convaincu qu'engager le combat ou le poursuivre est inutile. » C'est donc réduire à néant sa volonté de te résister. C'est exactement la méthode qu'utilisent les bons flics en garde à vue pour obtenir des aveux et la coopération d'un suspect. Pas comme d'autres, qui s'imaginent que massacrer quelqu'un va le faire avouer. La violence physique, ça ne marche pas avec tout le monde. Quand je fais mes braquages, il y a une phase de « garde à vue » avec « interrogatoire ». Tu vois, je n'invente rien. Je ne fais que copier les bonnes pratiques, en les adaptant à mon métier, c'est tout.

Bon, t'es dans l'appart du bijoutier, sa femme est maintenant calme, et ensuite ?

Elle est sur son divan. J'allume la télé. Je lui sers de l'eau. Elle est là, tranquille, à regarder la télévision. Je dis à Monsieur Blanc de rester auprès d'elle, le temps que j'aille prévenir les autres que tout s'est bien passé. Je prends la voiture et je vais en direction du stade de foot. C'est là que j'ai donné rendez-vous à la deuxième équipe. En traversant le centre-ville, je passe devant la bije. Je la regarde :

– On t'a eue salope ! Demain, je vais te faire ta fête !

Je gueule tout seul : Aïe, Aïe, Aïe !!!

De ma poche, je sors les trousses des clefs des portes et des coffres des deux bijouteries et je les serre fort dans ma main. J'ai le « Sésame » qui ouvre la caverne d'Ali Baba. Je suis heureux comme tu peux pas t'imaginer. Je gamberge qu'en plus des vitrines, il doit y avoir des pierres et des lingots dans le coffre. Putain, je fantasme à mort. Je pense à Stéphane et Bruno. Dommage qu'ils ne soient pas là ! De toute manière, ils auront droit à quelque chose quand même.

Alors comment se passe la suite ? Je suppose que c'est comme pour la BNP. Tu pars au petit matin avec le directeur et tu vides les coffres ?

Exactement. Je suis au stade vers vingt et une heures avec les deux autres. Mais dès que j'arrive dans le soum, je vois D. alias Monsieur Jaune molester rudement le bijoutier, les liens serrés etc... Je lui dis d'arrêter :

– Qu'est ce que tu fous ?...

– Le dirlo veut faire le malin.

– Et alors ? Tu veux pas le buter pendant que tu y es ?

Je m'énerve. Il n'y a rien de plus terrible que de tétaniser un otage. Avec la peur, il va faire n'importe quoi. Et puis, je n'ai jamais exercé de violence physique sur mes affaires.

– Le mec a des menottes aux poignets, alors n'en rajoute pas non plus.

Puis au dirlo :

– Fais pas le malin, ça t'évitera de prendre des coups. Je suis parti chez toi et tout s'est bien passé...

Je lui montre un objet de chez lui.

– Joue au con et je jouerai au con moi aussi. Alors, t'as intérêt à faire tout ce que l'on te dit, OK ?

Le gars est d'accord. Je décide de le rassurer en lui disant que l'on ne lui veut pas de mal. Maintenant je dois me casser. Les deux autres restent sur place avec le dirlo tandis que je repasserai demain matin à neuf heures pour le prendre. Je repars vers la résidence. Tout se déroule comme prévu. En bas, j'appelle Monsieur Blanc. Il me répond qu'il est lui aussi en bas de l'immeuble. Je le vois effectivement à quelques mètres de là ; je me gare. Merde, que fait-il là ?

Ce fatigué a voulu impressionner la femme en chargeant

son automatique. Un coup de feu est parti. Je lui demande pourquoi il est sorti vu que la télé était allumée. Entre temps ce con l'avait éteinte… Mais il n'a pas le temps de finir ses explications : les gendarmes arrivent. Impossible de prendre la voiture, ils sont garés juste devant. Monsieur Blanc veut se barrer en pleine ville. Deux oiseaux comme nous, avec des combinaisons noires, rangers noires et pistolets automatiques… Je reprends les choses en main. On se planque dans la résidence. Les gendarmes de Chantilly, c'est tout sauf des mickeys : barrages routiers, herses, motards, Famas… Ils vont pas nous louper s'ils nous croisent. Et puis à un moment, il n'y a plus un bleu dans le quartier. Je saisis l'occasion pour reprendre le volant. Je démarre et je m'arrache en marche arrière. Au même moment, une estafette de gendarmerie arrive en face et je remarque une patrouille de gendarmerie stationnée sur le parking tous feux éteints. En une fraction de seconde, j'enclenche la marche avant pour repasser devant la patrouille qui essaye de me barrer la route. Mais j'ai été plus rapide. Si je cale à ce moment, on est mort de chez mort. Une vraie embuscade. Là, l'effet de surprise s'inverse. Mais les bleus de la camionnette sortent et nous braquent. Ils sont sur ma gauche et ma vitre est baissée. Je lève les mains. Monsieur Blanc m'imite. Je roule au pas et d'un coup je passe la deuxième et on repart. Des coups de feu claquent. La lunette arrière explose et on entend les gnons que prend notre voiture sous le coup des balles des Beretta automatiques des gengen. On s'abaisse et je conduis à l'aveugle. A la Colt Silvers ! On crève deux cents mètres plus loin. Deux pneus à plat. On taille la route par les voies de chemin de fer qui, par chance, se trouvent juste à côté. Il fait nuit. Les gendarmes sont courageux mais pas téméraires. Suivre dans le noir deux gars armés…

Je me retrouve dans la cour de mon lycée. Je connais les lieux. Pour aller jusqu'au stade et récupérer les autres, il faut rester dans le noir. On ne peut passer que par le château de Chantilly. Au moins cinq kilomètres à se taper sans compter les gardiens et les maîtres chiens à éviter, et sans parler des barrages. Et là, tu as cet enfoiré de Monsieur Blanc qui ne veut pas faire ce détour et décide de rentrer direct. En abandonnant nos partenaires. Embrouille dans la forêt. Le mec fait mine de pas m'entendre et se taille à travers les bois. D'ailleurs, bien plus tard, il n'hésitera pas une seconde à donner mon nom en garde à vue à la section de recherches de la gendarmerie. Celui-là, il n'était Blanc que par son alias…

Qu'est ce que tu fais sur le moment ? Parce que ton complice, avec le plan Epervier qui se met en place, je peux comprendre qu'il n'ait pas envie de mourir. Ils vous ont tiré dessus quand même. C'est très chaud.

Je te jure que sur le coup je ne m'en rends pas compte. Il n'y a qu'une chose qui me fait flipper : les deux mecs et le bijoutier dans le soum ne savent pas que les choses ont mal tourné et que les gendarmes tirent à vue. Je pénètre dans l'enceinte du château. Ça va, les gardiens sont fainéants ce soir. Ils dorment dans leurs voitures. Heureusement pour eux que je ne suis pas ici pour les tapisseries et les toiles de maîtres du château… Dans le parc, je retombe sur l'autre fatigué de Monsieur Blanc. Cet abruti est coincé par le lac. Il ne peut pas enjamber le grillage car il y a un barrage de vingt gendarmes à trente mètres. J'enlève mes affaires. Pieds nus et en caleçon. Il fait la même chose. On traverse ce putain de lac glacé en portant nos affaires au-dessus de la tête.

On leur a fait à la Gian Maria Volonte dans *Le Cercle Rouge*. Le cinéma ne fait pas que t'influencer, ça t'inspire. Le prof c'est Michael Mann mais Melville c'était un bon conseiller technique… Arrivés de l'autre côté, on est gelés comme du poisson pané. Je sacrifie mon maillot de corps pour m'essuyer. On cavale à travers bois parallèlement à la route qui mène au stade. J'ai la peur au ventre de ne pas retrouver les autres vivants, ou même que le bijoutier se fasse buter par des gendarmes à la gâchette facile. J'arrive près du stade caché par une haie de buissons. Je regarde à droite et à gauche et je fonce dans le soum. Ils sont tous les trois là. Ils ne savent rien de ce qui s'est passé. On lâche le bijoutier dans la camionnette et on repart dans les bois. Je suis tellement content de revoir le petit Belkacem Manseur (alias Monsieur Vert) que j'en ai les larmes aux yeux. Je l'apprécie beaucoup et je culpabilisais grave qu'il lui arrive quelque chose. Sur le chemin du retour, à pied jusque Creil et à travers bois, je l'affranchis sur le fatigué numéro un qui était avec moi et qui a causé tout ce désastre. Mais aussi sur le fatigué numéro deux qui exerçait des violences gratuites sur le dirlo.Ils nous balanceront tous les deux pour ce casse raté.

Leçon de l'histoire, nous avions un sacré problème de

ressources humaines ! Et je n'en avais pas fini avec ce problème, car les bons ouvriers se font rares pour ce genre de boulot...

Arrivé vers Creil je passe à côté de l'Oise et je sors les clefs des bijouteries de ma poche. La mort dans l'âme, je les jette dans l'eau. J'ai perdu mon trésor. Ma parole, j'ai envie de pleurer.

T'as raconté ce brillant coup à tes associés habituels ?....

Alors là, ils m'ont chambré pendant un an. « Super ton équipe, Doc ! », « Y'a rien à dire, t'es un cerveau toi ! », « La prochaine fois, invite-nous. Ce sera un honneur pour nous de connaître et bosser avec ces gens-là »... etc. Bref, ils me charrient comme ça mais lorsqu'ils ont entendu l'affaire, l'histoire des coups de feu, ils étaient hyper-inquiets et faisaient moins les malins.

Et vous reprenez ensemble ?

La banque braquée, avec Stéphane et Bruno on prépare un coup en or : l'usine qui fournit tous les distributeurs de barrettes mémoire, Kingline à Aulnay sous-bois. Rebelote : chambre de commerce de Bobigny, juste à côté du palais de justice, et K-Bis. La gérante habite Créteil. L'entreprise est à Aulnay-sous-Bois dans la zone de fret de Roissy-Charles-de-Gaulle. Mon frère Fayçal qui me voit tout le temps avec plein de fric insiste lourdement pour m'accompagner. Il me casse tellement les couilles que j'accepte. Je recrute un autre gars de Creil. Notre ami Jérémie vient ainsi que Stéphane et Bruno. Nous sommes six.

Je repère l'appartement que la gérante occupe dans la résidence et on se cache dans l'escalier qui y conduit : dès qu'ils ouvriront leur porte, on déboulera en commando. On achète des combinaisons, des gilets pare-balles – à l'époque les policiers tiraient beaucoup –, des cagoules, des oreillettes, holster, armes automatiques ... etc... On ouvrira la porte de l'immeuble grâce au passe pompiers qu'utilisent les facteurs. Stéphane sera perruqué, en costard cravate, et il attendra devant la résidence que la dame arrive.

Les armes, vous les trouvez comment ?

Par le milieu des quartiers essentiellement. On a que des calibres. Des pistolets ou des revolvers trouvés lors de cambriolages. Souvent des jeunes de cité viennent nous voir :

– Tiens regarde, j'ai un 357 que j'ai tiré dans l'appartement d'un flic.

– Comment tu sais que c'est un flic ?

– Ben qui c'est qui a un 357 à la maison ?

– Fatigué ! C'est peut-être un tireur ou un collectionneur. Tu crois qu'un flic possède du 44 magnum ?

Celles que l'on va utiliser, on ne les a jamais essayées. Mais on s'en foutait c'était juste pour faire peur. De toute façon, si les flics se pointent, ils vont nous tirer dessus, et on prendra un otage. Sinon on est mal. Nous les otages c'était notre truc, on s'en servait vraiment de boucliers.

Ça craint...

Mais tu n'as pas le choix. C'est la seule porte de sortie qu'il te reste.

Il y en a une autre: se rendre.

Ça il n'en était pas question !

Revenons aux barrettes mémoires.

Nous sommes trois dans l'escalier, au dernier étage pour éviter de croiser du monde. A l'extérieur, il y a Jérémie, Stéphane et Bruno. La voiture arrive. Ils nous préviennent. On descend à fond au deuxième. L'ascenseur s'ouvre. Le couple d'asiatiques met la clé. Dès que la porte commence à s'ouvrir je gueule:

– Go !

On les pousse dedans, pensant qu'ils ne sont que deux. Putain, on tombe sur le grand-père, la grand-mère ...etc... Ils étaient huit là-dedans, un bordel ! Un défaut de renseignement: la merde.

On leur dit tout de suite de rester calmes. On ne les attache pas. Pas de coups, ni d'insultes, ni de claques, bref pas de gestes inutiles : on fait en sorte que tout se passe bien. Si on les conditionne au départ, on sait qu'après tout roulera. C'est la nana qui nous intéresse, je la prends à part dans une chambre :

– Voilà Madame, on va aller à Aulnay vider les coffres, on est là pour les barrettes mémoires.

– Vous voulez voler les ordinateurs ?

– On s'en fout des ordinateurs, on veut juste les barrettes mémoires.

– Oui mais la personne responsable de la salle des coffres…

En fait, il y avait une grosse salle des coffres avec une porte blindée, une double alarme de surveillance, la télésurveillance de la société et le système de sécurité de la zone de fret de Roissy : sas, parties interdites au personnel, zone verte… La totale.

J'explique à la femme qu'on ira demain matin. On verra bien.

Le matin, j'enfile sur mon gilet pare-balles, le costume que j'avais apporté dans une housse et je donne mes instructions à la femme :

– Madame, vous ne me regardez jamais, jamais, jamais.

On laisse une personne et mon frangin avec la famille ; on les appellera quand on aura vidé les coffres. J'arrive à Aulnay avec la voiture de la nana, on se gare à côté des Renault Express que l'on a prévus pour la marchandise. On débranche les alarmes, Jérémie se met à l'étage et vérifie si quelqu'un vient.

On ne peut pas ouvrir la salle des coffres, certes, mais derrière il y a des toilettes. J'y vais, je retire les dalles du faux plafond, je m'y glisse puis j'enlève le faux plafond de la salle des coffres et j'atterris dedans. J'arrive à ouvrir la salle de l'intérieur. On met toutes les barrettes mémoires dans des sacs, et là le téléphone sonne : il y a un problème à l'appartement de Créteil.

Que se passe-t-il ? Le fils d'une vingtaine d'années a téléphoné toute la nuit et n'ayant pas eu de nouvelles, il est venu le matin voir ce qu'il se passait. Il avait la clé, il a surpris le pote et mon frère. Ils l'ont braqué mais le mec n'était pas seul. Sa nana, qu'ils n'ont pas vue, était restée sur le palier. Elle a réussi à se sauver et à ce moment-là passait un panier à salades. Le copain s'est arraché, mais mon frère s'est fait attraper à deux cents mètres de l'appart après avoir jeté en chemin les sacs contenant les cagoules et les combinaisons derrière un buisson…

On part précipitamment de l'usine en laissant une grosse partie de la marchandise. De quoi méditer sur nos erreurs de préparation…

Avec l'arrestation de ton frère, la B.R.B., qui enquête sur onze braquages de sociétés informatiques avec prise d'otages, a enfin une piste.

Fayçal part en garde à vue au S.D.P.J. [1] 94, avant que la Brigade de Répression du Banditisme ne le ramène à Paris. Fayçal, c'était un mec de cité qui n'avait jamais fait de garde à vue, et encore moins de prison. On se demande

1. Service Départemental de Police Judiciaire.

s'il sera solide. Mais il va prouver que les mecs de cité peuvent tenir la route. A la B.R.B., il ne donne ni nom, ni prénom. Il arrive à tenir dix heures comme ça. Mais il est tombé sur deux types spéciaux pas nécessairement représentatifs de la B.R.B. J'en verrai d'autres beaucoup plus corrects. Ils lui ont défoncé la gueule. Ils lui ont cassé des dents et sa tête ne ressemblait plus à rien. Dans le rapport de garde à vue, il serait devenu hystérique en se cognant la tête contre les murs...

– Dis ton nom, bougnoule, sale arabe !

Il fermait sa gueule le temps qu'on rentre à la maison et qu'on puisse faire le ménage. Ensuite il ne s'est pas affalé. Il a simplement dit :

– Je m'appelle Fayçal Faïd et je n'ai rien à voir avec ça, c'est pas moi. J'étais à un arrêt de bus.

– Tu te fous de notre gueule ou quoi ? On t'a vu courir et jeter les sacs.

– C'est pas moi, c'est pas moi, c'est pas moi !

Après quarante huit heures de garde à vue, il est déféré à Créteil où il rencontre le juge qui l'incarcère pour vol avec arme en bande organisée et association de malfaiteurs. Il se retrouve à Fresnes en première division. Une prison assez dure. On lui achète tout de suite tout ce qu'il faut : le survet, les baskets, le shampooing, le gel douche et les brosses à dents, et je ramène le tout moi-même à la porte de la prison. Le maton me regarde :

– Tu te crois où ?

C'était interdit.

On lui envoie des mandats de 4 000, 5 000 balles pour qu'il puisse « cantiner ». Et on lui prend Jean-Louis Pelletier comme avocat. Parce que pour nous, c'est le plus grand de Paris.

On y va discrètement, tels les rois du cloisonnement. On ne dit pas grand-chose à Pelletier évidemment, en tout cas on minimise... Il nous propose de revenir dans une semaine le temps qu'il en sache plus.

Et huit jours plus tard :

– Vous vous êtes foutus de moi ! Votre affaire est très grave !

– Nous, nous ne sommes pas au courant. Que s'est-il passé ?

– C'est très grave. Vol et prise d'otages : la B.R.B. est déterminée à retrouver les membres du gang... ils sont enragés comme vous ne pouvez pas imaginer.

Il a croisé le directeur d'enquête dans le bureau du juge, et lui et ses sbires sont comme des fous.

Il n'y a rien sur nous... mais je me mets en cavale.

Je vais me planquer dans les hôtels Campanile. Pourquoi les Campanile ? Parce qu'à l'époque, ils ne demandaient pas de pièce d'identité. J'allais à la Chambre de commerce récupérer un K-Bis, puis j'appelais en disant que j'étais attaché commercial dans telle société. Je réservais une chambre pour une semaine, je payais en espèces et je demandais une facture pour faire plus sérieux en montrant le K-Bis.

Et là tu commences à apprendre ce qu'est la cavale.

Comme il n'y a que des commerciaux, tu dois te fondre dans la masse.

Tu roules en Clio commerciale. Il n'y a que ça sur le

parking. Tu te rends compte que les mecs se réveillent tous à sept heures du matin. Et à huit heures ils partent taffer. Ils rentrent le soir à dix-neuf ou vingt heures. Donc si tu te réveilles à midi ça fait hyper « chelou ». Tu prends donc très vite les bonnes habitudes. Réveil à sept heures. Tu déjeunes dans ta chambre pour que personne ne repère trop ta tête. Tu te rases et tu descends à huit heures. Le soir tu rentres vers vingt heures. Ces hôtels sont bien foutus : tu n'as pas besoin de passer par l'accueil pour rejoindre ton bungalow. Ils sont tellement bien foutus que je vais y passer trois ans !

En bon commercial, je n'y restais évidemment que du lundi au samedi matin. Durant le week-end, j'avais toujours une petite planque à gauche ou à droite dans Paris : chez une gonzesse, ou chez un pote. Le lundi matin je repartais dans un Campanile. Chaque semaine, j'en changeais et au bout de deux mois je revenais dans le même. Je n'ai jamais eu un problème.

Deux mois après l'affaire de Créteil, en février 1996, les condés débarquent chez moi. Lors de la garde à vue, ils ont compris le jeu de Fayçal et savaient donc pertinemment qu'il était inutile de se dépêcher à perquisitionner, ils ne trouveraient probablement rien. Ils ont préféré surveiller les allées et venues et écouter le téléphone, le temps de comprendre la composition de la famille. Et un matin, ils ont déboulé. Après la perquisition, ils ont embarqué tout le monde : mon frère, ma sœur, mon neveu, la meuf de mon frère. Tout le monde tombe des nues. Ma famille ne soupçonnait pas le dixième de mes activités. Pour eux j'étais un lycéen magouilleur mais rien de plus méchant. A tel point qu'ils ont cru à une erreur judiciaire. L'appartement était dévasté, tout était par terre : il nous a fallu quatre jours pour tout remettre en place. Ils ont fait ça pour nous mettre la pression : « qu'est-ce que c'est que ces p'tits arabes qui se foutent de nous ? » Ils font aussi un petit levage de deux ou trois potes : le coup de pied dans la fourmilière...

Les trois flics qui sont sur moi, je vais apprendre à les connaître. De loin. Ils sont complètement perdus, ils ne comprennent pas à qui ils ont affaire. Mon frère Fayçal étant étudiant, sans casier, ils en déduisent qu'il doit y avoir quelqu'un derrière lui. Ils cherchaient des grands voyous traditionnels. Je savais que les mecs de la P.J. étaient durs, sans pitié, mais là... Ils menottaient les frangines au radiateur, insultaient la famille, se montraient humiliants pour nous faire craquer. Mais ils ont tort de s'en prendre aux familles : ils déclenchent des réactions dont tu ne te savais pas capable...

A un moment, durant la garde à vue, l'un d'eux s'est lâché :

– Vous vous prenez pour qui les p'tits ratons de Creil ? Vous vous êtes crus dans vos cités ? Vous vous prenez pour des gangsters ? Mais vous êtes des merdes... Je vais vous en montrer des voyous.

Il sort trois photos, des « gaulois » bien sûr, de Lyon :

– Ça c'est des voyous, ça c'est des pointures. Quand tu es flic que tu attrapes des mecs comme ça tu te dis, putain ça c'est vraiment des gangsters. Vous vous n'êtes que des petites frappes.

Ce commentaire de garde à vue me revient. Puisqu'après

chaque garde à vue, je débriefe tout le monde pour savoir s'ils ont parlé de moi…

D'après ce qu'on m'a dit, vous vous êtes vengés… Je te raconte ?

Vas-y !!

Aux mecs de la B.R.B., vous avez décidé « de leur faire mal à la tête ». Vous êtes d'abord allés voir le fourgue. Il a été surpris :

– Oh ! Vous continuez après ce qu'il vous est arrivé ?

– On continue. Alors tu prends ou tu prends pas ?

– Ouais je prends.

– On va te ramener trois affaires

– Quoi trois affaires ?

– Oui trois affaires. Sors-nous ça.

Il vous donne deux adresses. Et vous en avez une troisième sous le coude. Repérée de A à Z. Pour vous venger et montrer de quoi vous êtes capables, vous avez décidé de faire les trois dans la même journée ! Mais la synchronisation des affaires situées à Evry dans l'Essonne, à Paris dans le XVIIe et à Champs sur Marne dans le 77 va vous prendre deux mois.

A Evry, c'est dans une zone industrielle classique avec des places de parking. Vous vous y posez et vous observez : il faut sonner pour entrer dans l'immeuble. L'idéal serait d'enquiller derrière quelqu'un. La boîte est au rez-de-chaussée, mais celle qui est au premier n'a pas d'activité

sensible. C'est avec les mecs de cette entreprise qu'il vous faudra rentrer.

Lors de la fuite le relais se fera dans une station Total qui jouxte l'A6. Tout ça en faisant attention aux caméras de surveillance de la zone industrielle, de la station etc... Toutes les voitures parfaitement maquillées, volées à la clé, c'est-à-dire ne portant aucune trace d'effraction et équipées d'attestation d'assurance seront plaquées du même numéro pour que les policiers sachent à qui ils ont affaire...

Votre fournisseur, c'est un jeune de cité de vingt ans. C'est le mac des macs des voleurs de voitures. Il ne fait que ça. Il se réveille à six heures du soir et se couche à neuf heures du matin en ayant dérobé six voitures. Et en plus, il vous fait crédit : vous payerez lorsque vous encaisserez...

La voiture récupérée dans la station-service, vous la lâcherez sur une aire d'autoroute de l'A1 où une autre vous attendra.

Avec cette dernière, vous braquerez à la porte des Ternes à midi.

Vous allez dans une armurerie pour acheter des gilets pare-balles. Vous vous faites passer pour des journalistes qui doivent partir en Bosnie en prétendant que c'est l'assurance qui vous les impose. Et vous demandez une facture au nom du *Figaro*. Pourquoi ? Parce que vous avez vu *Flic story*, un film dans lequel Jean-Louis Trintignant joue le gangster Émile Buisson. L'inspecteur Borniche lui demande pourquoi il lit *le Figaro*. Et Trintignant de répondre :

– Parce qu'on ne remarque jamais quelqu'un qui lit *Le Figaro*.

Vous avez également acheté des combinaisons bleues de peintre qui s'ouvrent du haut jusqu'en bas, et qu'il est facile d'enlever très vite. Vous les enfilerez sur des costumes. Parce qu'à midi, dans Paris, place des Ternes, vous braquerez en costume une société située au quatrième étage et dont l'ascenseur arrive directement dans les bureaux où sont stockées des barrettes mémoires.

Vous vous équipez également de valises à roulettes, ce sera plus discret en sortant de la société. Vous récupérez une voiture garée sur une place livraison et filez vers la station service récupérer la première voiture. Avec celle-ci, vous déposerez à Creil les butins des braquages du matin et du midi. Et le soir, vous allez faire la troisième affaire avec les masques d'hommes politiques que vous allez ressortir : Jacques Chirac, Raymond Barre, François Mitterrand. Les victimes des trois braquages seront attachées avec les mêmes serflex, pour que la B.R.B. n'ait aucun doute...

L'affaire du soir est un véritable bunker. Caméras de surveillance, voitures de polices qui font des rondes, le tout dans une zone industrielle très surveillée. Le gérant habite à Gagny dans le 93 et l'affaire doit se faire à Champs-sur-Marne dans le 77. Pour rentrer chez lui, vous lui ferez le coup de la livraison de fleurs vers dix-neuf heures trente, dix-neuf heures quarante cinq.

Pour bien préparer les trois affaires, vous louez une salle de réunion dans un Campanile et le soir après avoir tout passé en revue à l'aide d'un tableau, vous dormez sur place.

Vous achetez pas mal d'équipement : combinaisons, talkies-walkies, costumes de bonne facture, postiches, oreillettes dernier cri pour tout le monde, micros cravate, gants en cuir…

Question armement, vous récupérez un HK MP 5 : un pistolet-mitrailleur qu'un albanais vous a revendu. Vous lui avez également commandé un Uzi et quatre pistolets automatiques avec leurs chargeurs.

Bref, le 17 avril 1996, c'est le grand jour. Chacun connaît son rôle lorsque vous démarrez vers cinq heures trente pour éviter les bouchons sur la Francilienne.

A sept heures cinquante cinq, vous êtes à Evry et là surprise… la porte est grande ouverte ; quelqu'un sort des cartons.

Vous sortez de la voiture, poussez les employés à l'intérieur et fermez derrière vous. Seul avec cinq employés, le directeur attrape le téléphone. L'un d'entre vous le braque avec le Uzi et lui intime de rester tranquille et d'ouvrir les coffres. Les employés accrochés, vous chargez deux grands sacs et filez. Ensuite vous changez de voiture et vous arrivez vers neuf heures quinze à Vémars. Vous débriefez dans la cafétéria de la station et moins de deux heures plus tard vous êtes en route pour la place des Ternes. Là, vous ramassez un demi-sac, ce qui vous fera quand même dans les 800 000 francs. La première affaire, elle, vous rapportera 1 700 000…

Vous faites de nouveau route vers Vémars où vous chargez l'ensemble des sacs dans une voiture que vous

déchargez ensuite dans un box vers quinze heures. Deux heures après vous êtes à Gagny, postichés et vous vous pointez chez le gérant.

Bingo, la porte du pavillon est ouverte et il est là avec toute sa famille. Vous ne les attachez pas et les laissez dormir ensemble toute la nuit. Le matin, deux d'entre vous l'accompagnent dans sa voiture jusqu'à l'entreprise. Pour rester en contact avec le complice qui surveille sa famille vous avez apporté vos propres téléphones fixes de peur de laisser des traces A.D.N.

L'un de vous accompagne le type dans l'entreprise en lui précisant que lorsqu'ils vont ressortir il devra sourire pour donner le change. Cette troisième affaire de la journée, c'est le jackpot: 3 200 000 francs à la revente. En vingt-quatre heures vous avez gagné 5 700 000… pas loin de 900 000 mille euros.

Deux jours après, dans *France-Soir*, les policiers soulignent votre professionnalisme: pas de violence, des complices qui s'appellent par des numéros …etc…

Bien, et toi qu'est ce que tu fais à l'époque?

J'ai vingt-trois ans et je pense déjà à la retraite. L'une de mes amies qui bosse à Roissy-Charles-de-Gaulle me trouve un poste d'agent d'escale au sol. Je me découvre un talent de travailleur: au bout de trois semaines le guest-manager de la société sous-traitante qui fournit les agents d'escale me dit:

– Toi, je te prends tout de suite. Vous êtes trente en formation mais toi je te garde.

Il me nomme responsable du lounge des premières

classe de Bristish Airways où il manquait une présence masculine. Je rencontre Cantona, David Ginola, Kim Basinger, Luc Besson... Les filles me kiffent et la numéro deux de Bristish Airways m'apprécie beaucoup. Je suis en place. J'ai mon job, j'habite un bel appart, j'ai de l'argent de côté. Je pense arrêter. Vraiment. C'est fini.

Tout va très bien. Le seul point noir, c'est mon frère qui est au placard. Je culpabilise. Pourquoi l'ai-je ramené là-dedans ? Faut gérer sa copine et la famille, et puis je ne suis pas tranquille : ne vont-ils pas finir par me remonter ?

Les enquêteurs de la B.R.B. se sont se mis en chasse dans le milieu de l'informatique. Et de fil en aiguille, ils remontent jusqu'à Marc...

Effectivement, le 2 octobre 1996, les flics déboulent de nouveau à la maison. Cette fois, ils me cherchent. Pourquoi ? Parce que lors de la première perquisition, ils ont gardé une photo de moi et lorsqu'ils ont serré Marc ils lui ont montrée....

Et lui leur a répondu : « C'est lui ! Je ne connais pas son nom mais on le surnomme Pixie. »

C'est le surnom du footballeur Dragan Stojkovic, le numéro 10 de l'Etoile Rouge de Belgrade. Un technicien du ballon rond. Les copains du foot m'ont surnommé ainsi. J'étais bon joueur au foot, j'évoluais en division d'honneur.

Ce mec a fait des millions avec nous, et il me balance pour rien ! Lui n'était incriminé que pour recel. Il ne risquait pas grand chose, ce n'est pas lui qui a braqué. Il aurait fait au plus quelques mois de placard et il sortait. Et cet enculé me jette. De toute façon, toute ma vie de braqueur, je me ferai jeter. C'est là où tu te dis que le banditisme, c'est vraiment un milieu dont il faut s'écarter.

Et cette balance parle même de l'autre fourgue, le saoudien dont heureusement il ne connaît pas l'identité.

Bref, les flics de la B.R.B. me cherchent. Mais leur problème, c'est qu'ils mésestiment les mecs de cités. Le voyou ne peut être qu'un gaulois, passé par la centrale, qui trimballe un surnom… ça ne peut pas être le Rédoine de Creil. Cet algérien de banlieue de merde. A leurs yeux, on est de la racaille, et ils décident carrément d'être aveugles. Ils ne planquent pas, ne mettent même pas un sous-marin. Ils y vont au flanc à six heures du matin. Des malades. Ils auraient mis en place une petite surveillance et ils m'attrapaient. L'après-midi de la veille, j'étais là. Après être passé chez moi, ils vont chez mon frère Larbi, au cas où j'y serais. Puis chez d'autres personnes encore, quasiment tous mes contacts à Creil. Pas de Rédoine. Ils décident donc de faire un travail à mon frère Abdeslam. Le fourgue l'a reconnu lui aussi. Un jour où il m'accompagnait. Il avait simplement attendu dans un bar en face. Parce qu'il n'a rien à voir avec ça. Il est à la fac, il fait de la politique. Il est contre toute forme de violence et faisait tout au contraire pour alerter les jeunes face aux dangers de la délinquance, moi y compris. Ils ont convaincu le juge de l'incarcérer. Il fera une année de placard en préventive. Marc la balance, quant à lui, il ne fera pas un jour de prison, alors que son lien avec le braquage est pourtant formellement établi !

Les condés sont comme des dingues, ils se disent :

– La chance qu'il a ce Rédoine !

Mais ce n'est pas de la chance, c'est juste que vous avez affaire à quelqu'un d'aguerri ! Moi, je suis déjà en pré-cavale. En prévision que ça tourne mal un jour, je m'étais procuré des faux papiers.

Comment ?

Tout simplement par un clandestin du bled. L'un de mes cousins avait des faux papiers que lui avait fabriqués le mec avec qui il était arrivé d'Alger. C'était un spécialiste, un magicien. Son surnom : l'Artiste.

Il fallait ramener un vrai passeport. Ce n'est pas les amis qui manquaient. Je leur disais d'aller se faire faire un passeport, et de ne surtout pas le déclarer volé. Ils circulaient avec leur carte d'identité et me donnaient leur passeport que je faisais préparer par l'Artiste.

Sur un passeport algérien, lorsque tu enlèves le filigrane, l'encre part tout de suite et parfois également la mention République Algérienne. Qu'est ce qu'il faisait ce vicelard ? Il mettait le passeport au congélateur, l'encre durcissait. Puis, avec un séchoir, il décollait le filigrane, retirait la pastille d'encre, la photo et en mettait une autre. Il pressait à mort, et le même tampon ressortait. Il remettait la pastille d'encre et redessinait République Algérienne. Et ça marchait !

Le mec, en fait, était un agent de la D.R.S. [1] Un agent

1. Département du Renseignement et de la Sécurité.

de la sécurité militaire algérienne chargé d'infiltrer les islamistes en France. Je ne le saurai qu'après. Il ne nous a jamais donnés, parce qu'on n'était pas des terroristes. Et ça lui servait de nous faire des faux papiers : de notre côté, on lui faisait une bonne réputation. C'était un mec balèze : on n'y a vu que du feu.

Il m'a également fait un permis de conduire avec lequel j'ai pu refaire ma carte d'identité. Puis, ensuite, un vrai-faux passeport grâce aux faux documents qu'il m'a fabriqués : état civil, quittance de loyers, factures…

Muni de faux papiers, tu te mets alors en cavale ?

J'avais demandé au mec de me faire aussi un visa algérien sur le passeport. Je pars alors en Algérie par la Belgique. D'Alger, je téléphone à tous mes contacts à Creil pour leur dire que je suis en Algérie, que mon frère est innocent et que jamais je ne reviendrai parce que je ne comprends rien à toute cette histoire. Deux jours après, je prends un vol Air Algérie pour Londres, et de là je prends l'Eurostar jusqu'à Lille. Bruno vient m'y chercher et je lui dis :

– C'est la guerre : on va passer au fourgon blindé…

Ça t'est venu comme ça ?

Je suis en cavale, je n'ai plus rien à perdre. En plus il va me falloir un max d'oseille. Et si je ne peux plus faire les barrettes mémoires, il n'y a pas 150 000 solutions pour en remonter. Il va falloir passer à la vitesse supérieure.

Les fourgons blindés ça fait un moment qu'on en rêve et qu'on les a en objectif. Depuis quatre ou cinq mois, on n'arrête pas de regarder *Heat* [1]. La première fois qu'on la vu en salle, on a pris un putain de coup de poing dans la gueule : voilà ce qu'il faut taper !

Le problème c'est que les fourgons, on ne sait pas faire. Dans un premier temps, mieux vaudrait attaquer un dépôt. Ça ressemble plus aux prises d'otage dont on a l'habitude : on lève le directeur et sa famille, et au petit matin on se rend avec lui sur place pour vider les coffres. Bon, ça ne ressemble pas vraiment à une banque ni à un dépôt de barrette mémoire, mais ce ne doit pas être très compliqué. Il faut un comité d'accueil de deux ou trois personnes pour réceptionner les convoyeurs de fonds qui arrivent un par un au dépôt. On a lu cette info dans la presse et aussi que c'est un gardien en surveillance à l'intérieur qui leur ouvre la porte. Ne reste plus qu'à y aller, et repérer.

Si vous préférez les dépôts aux fourgons c'est parce que vous avez déjà donné, non ?

Non…

Voilà pourtant ce qu'on m'a raconté…

Bruno avait un contact qui vous procurait des voitures, des plaques minéralogiques, des attestations d'assurance...etc...Bref, il vous rendait service et lorsque vous

1. *Heat*, réalisé par Michael Mann en 1995, avec Robert de Niro et Al Pacino.

faisiez des petits casses, vous lui rapportiez un peu de marchandise pour la receler.

Un jour il vous donne rendez-vous au Triangle, une discothèque située à Andilly dans le Val d'Oise. Là vous arrivez dans la faune des cités, celle de la génération 1972-1974 qui sort des barres HLM et commence à investir dans le shit et à se mettre dans le braquage. Ils étaient tous là avec leurs copines. Que des beurs et quelques blacks. Et deux trois gaulois. Toutes les équipes du 93, du Val d'Oise et des Hauts de Seine se donnaient rendez-vous là-bas. Tu voyais le parking, tu prenais peur. A l'époque il n'y avait pas le G.I.R. [1] et dès que les mecs avaient du pognon, ils investissaient dans les belles bagnoles : les derniers coupés Mercedes et BMW, des Porsche.

La boîte était tenue par une très grosse pointure du grand banditisme, Mohammed A., un pionnier beur, un mec très respecté sur place. Ça vous a d'ailleurs étonnés de voir un beur au sommet. Parce que comme les flics, comme les journalistes, pour vous, un vrai voyou s'appelait Jean-Pierre Lepape ou Emile Dieudonné.

Le mec avec qui vous avez rendez-vous, c'est un Gaulois. Il vous aurait branchés sur une affaire à taper, genre :

– J'ai parlé de toi est-ce que ça t'intéresse ?

– Ouais pourquoi pas mais qu'est-ce qu'ils veulent ?

Les mecs voulaient connaître des itinéraires de repli dans ta région.

Tu as accepté et tu as accompagné le mec sur place :

---

1. G.I.R. : groupes d'intervention régionaux. Créés par Nicolas Sarkozy en 2002, les groupes d'intervention régionaux s'efforcent de lutter contre l'économie souterraine pour atteindre au portefeuille les caïds des cités.

– Tiens ce rond-point il est plein de gendarmes lorsqu'il y a un plan épervier ...etc...

Et surtout il vous invite parce qu'il lui manque une ou deux personnes. Eux ils sont cinq. C'est qui le mec ? C'est une grosse grosse pointure du braquage français. Qui a fait peut-être les plus belles affaires de transport de fonds dans les années 80. Il est sorti de prison il n'y a pas longtemps, il veut se refaire. Le mec vient de taper une superbe affaire à vingt millions de francs avec d'autres figures du Milieu parisien. Il vous dit tout à trac :

– Ecoutez les gars, là je viens de me faire cinq cents barres, il me faut vingt millions de francs dans l'année. En espèces...

Il se prenait la tête et tablait sur des explosifs pour faire péter le mur du dépôt de fonds. Et l'un de tes potes lui dit de le faire au poids-lourd. Pour faire une brèche c'est plus intéressant. Le mec intelligent écoute et se range à son avis. Il est d'ailleurs un peu en admiration devant vous. Il vous apprécie parce que, malgré votre jeunesse, vous connaissez le métier. Ses associés sont comme lui des mecs de quarante ans originaires d'un peu partout en France, et uniquement des gaulois.

L'affaire est faite, l'argent est pris.

Et ensuite l'un d'eux te prend à part :

– Toi tu vas aller très loin mais je te donne un conseil, ne fais confiance à personne, personne.

Sur le coup tu ne peux pas comprendre, mais lui a fait des années de placard, il est passé par l'isolement, il a été trahi...

Et le vôtre de dépôt, vous le trouvez comment ?

A l'époque, grâce au Minitel. Il suffit de taper Brink's, Ardial, ACDS dans les pages jaunes et les adresses s'affichent carrément. On commence les repérages.

Comme nous sommes au mois de novembre et que l'on va passer pas mal d'heures dehors, on s'équipe contre le froid. On achète des ponchos dans des surplus militaires, des après-ski, des gants, des passe-montagnes, des polaires. On a acheté des magnétophones pour enregistrer nos rapports de surveillance, un caméscope pour filmer le dépôt, des talkies-walkies avec des oreillettes pour communiquer entre nous. On a rajouté une puce qui verrouille notre réseau et empêche toute intrusion sur le canal que l'on utilise. Super équipés, on part se mettre en planque dans un Renault Express. Sauf que l'on s'est rendu compte qu'ils ouvraient à cinq heures trente ces enfoirés. Pour être là-bas à quatre heures trente, il faut donc se lever à trois heures…

Matin après matin, on repère les procédures : les premiers convoyeurs arrivent en même temps dans trois ou quatre voitures différentes. L'un rentre, fait le code, avant d'être rejoint par les trois autres. Dans les minutes qui suivent, un fourgon blindé sort avec les convoyeurs à bord et se garent devant le dépôt.

Qu'est-ce qu'ils attendent ?

Un mec qui arrive en voiture. Si lorsqu'il se pointe, le fourgon n'est pas dehors, cela signifie que la procédure de sécurité du matin n'a pas été respectée et qu'il y a peut-être un commando à l'intérieur. Dans ce cas-là le mec ne rentre pas et se casse. Une fois le fourgon blindé n'était pas sorti et lorsqu'il est arrivé il a fait une putain de marche arrière… Il s'est fait une crise de parano et s'est barré.

A observer la manœuvre, on comprend que c'est lui qui a la clé du coffre. Il vient vers six heures, six heures cinq et repart tout de suite après. On l'a même vu venir en robe de chambre et en pyjama. Juste sorti de son lit pour ouvrir la salle des coffres avant de rentrer chez lui.

Les convoyeurs du dépôt, on finit par tous les connaître. On les surnomme : moustache, le chauve, le petit gros, Babar, Jean Carmet…

On note tout : le type de leur voiture, leurs numéros de plaque…etc…Mais celui qui nous intéresse particulièrement, c'est le mec de la clé.

Pour connaître son adresse, il va falloir le suivre. Parce que là, on ne peut plus faire le coup du K-Bis… On décide de le filocher à quatre voitures, comme les flics. Chacune équipée d'un talkie-walkie. J'ai déjà pratiqué lors de la bijouterie, mais mes acolytes n'étaient pas là. Alors pour apprendre, on va de nouveau sur le périphérique et on s'entraîne pendant des journées entières à suivre des voitures, pour s'habituer, pour prendre nos marques. Et on devient des contre-filocheurs de folie. Ce qui nous incite à utiliser le métro dans Paris. Parce qu'on se rend compte que pour faire une bonne filature, il faut connaître parfaitement les lieux. Du coup on réalise que Paris est un terrain dangereux pour nous. Les flics y sont chez eux, connaissent toutes les rues de la ville. Pas nous. Conclusion : ne prends pas de voiture dans Paris mais le métro. Dans ce cas, ce sont les flics qui viennent sur notre terrain : depuis l'âge de douze ans on prend le RER pour aller à Châtelet-les-Halles…

Finalement, on repère le domicile du mec, mais nous sommes loin d'avoir résolu l'affaire. Il faut aussi neutraliser le mec qui déconnecte l'alarme le matin. Mais même si on tient leurs familles, il faut que lui et le régulateur opèrent avec leurs collègues sans qu'ils nous balancent. Il faut donc leur mettre des explosifs autour de la taille. Explosifs que nous n'avons pas… On décide de leur mettre de la pâte à modeler avec du sparadrap autour :

– Si tu fais le con, c'est une grue Poclain qui va venir te rechercher dans ton bordel après. Parce que nous on va te faire péter à distance. OK ?

Les familles, pour leur mettre la pression, personne ne va rester avec elles. On va les envoyer en camionnettes à cinquante bornes de chez elles.

Deux familles à séquestrer, deux mecs à accompagner, un comité d'accueil pour accueillir les convoyeurs de fonds qui viennent prendre leur service, un mec à l'extérieur qui prévient quand un mec arrive…

Et trois autres personnes pour vider l'argent, ça fait onze. Putain, onze personnes ! Bruno me dit : « Ma parole, c'est une équipe de foot… » On est quatre…

Nous sommes en janvier, cette phase a duré trois mois.

Bref, vous avez fait tout ça pour rien…

Surveiller le dépôt nous a permis d'avoir une bonne connaissance des fourgons blindés. D'observer leurs horaires, leurs tournées : on sait tout. On connaît même les têtes des chauffeurs. On faisait semblant de faire du stop pour pouvoir mater leurs visages et faire du profiling. Repérer les crânes rasés qui roulent des mécaniques et les vieux proches de la retraite.

Bientôt l'idée germe : et si on se faisait un fourgon blindé à la place du dépôt ?

Oui, mais il vous manque l'info principale : combien y a-t-il dedans ?

Les fourgons blindés qui vont sortir avec de l'argent vont être extrêmement difficiles à cibler s'il n'y a pas une source à l'intérieur. En revanche, il est plus simple de deviner le contenu de ceux qui reviennent de leur tournée. On savait que quand ils revenaient d'un supermarché, ils avaient ramassé à peu près un million de francs [1]. On s'est postés au supermarché proche du dépôt. Le problème, c'est que les fourgons n'étaient pas forcément de ce dépôt-là. Du coup on a noté tous les numéros des fourgons blindés. Parfois, on n'avait pas besoin de regarder le registre qu'on avait, on reconnaissait les convoyeurs.

Bon, on finit par choisir la cible mais où va-t-on la taper ? Lorsqu'il rentre au dépôt. Qu'est-ce que tu vas t'emmerder sur le parking de l'hypermarché ou sur l'autoroute ? Une équipe attend près du dépôt pour le coincer et un guetteur se met à deux ou trois kilomètres dans un

1. Soit 150 000 euros.

endroit stratégique par où le camion est obligé de passer. Nouvelle question : comment l'arrêter ?

Petit à petit la technique pour le coincer – l'embuscade – se met en place. On a le temps d'y travailler, c'est l'avantage lorsque tu es en cavale : le temps est avec toi et tu n'es pas pris par les petites choses de la vie. Tu n'as que ça à faire. Tu vis dans une bulle.

Pour les fourgons, il faut fonctionner comme une organisation militaire. Parce que là on n'est plus dans le hold-up classique de banques ou de distributeurs automatiques. Une attaque de fourgon, c'est un film de guerre. On va être confrontés à des mecs armés qui portent des gilets pare-balles. Ils t'attendent avec un fusil à pompe et ils sont protégés par le blindage. Pour donner l'assaut il te faut toi aussi des moyens militaires et un conditionnement de putain de guerriers.

Etre des guerriers ça veut dire être prêt à tirer…

Non, on veut tout faire pour l'éviter. Nous avons pour habitude de nous soucier de la casse. De ne pas faire de blessés, ni de victimes innocentes et dans ce cas, c'est placer la barre très haut. Tu prétends faire un fourgon blindé, c'est-à-dire l'arrêter, braquer les convoyeurs de fonds, les sortir, les menotter et ne pas mettre une claque. Sans dire ne serait-ce qu'une vulgarité. Sinon après tout peut dégénérer. Nous allons prendre l'argent et nous en aller. Nous sommes convaincus d'en être capables. Parce qu'on a l'expérience, le vécu, et parce qu'on a eu des résultats. Le tout est de bien gamberger et de prendre le temps.

On effectue les repérages le dimanche, le dépôt est fermé. On ne risque pas de croiser un convoyeur en civil. Nous repérons les lieux à pied pour bien nous imprégner du terrain : là non, mais ici ce serait bien, c'est tranquille, on peut se tirer vite fait... Comme on était sur place tous les jours, tu te doutes bien qu'on connaissait les routes par cœur : à quelle heure il y a des bouchons, à quels endroits ils vont mettre les barrages. On connaît le coin mieux que chez nous : on y a passé des heures, des soirées entières. Et ça c'est très important parce que la fuite, c'est le deuxième point crucial quand tu braques un fourgon.

L'immobilisation, ça représente 60 à 70 pour cent du travail. C'est la phase la plus difficile. Une équipe qui t'arrête un fourgon blindé proprement ne peut être composée que de grands professionnels. Parce qu'arrêter un « camtar » de six tonnes, lui faire une embuscade sans que les convoyeurs s'en rendent compte, occuper l'espace autour du fourgon pendant les quatre à cinq minutes que dure l'attaque, maîtriser avec sang-froid les passants, les convoyeurs de fonds et faire ton affaire, ça n'est pas donné à tout le monde.

Le fourgon, si tu lui laisses un millimètre d'espace, il va rentrer dans la brèche. C'est un vrai char d'assaut. Il peut te défoncer les véhicules, il va vouloir se barrer, t'écraser. Et, surtout, si le chauffeur décide de se sauver, ça donne des ailes aux autres. Genre « puisqu'on y est, on y est : prenez vos armes et défendez-vous ». Donc c'est crucial de bloquer le fourgon de manière nette, claire, et précise.

On songe à une herse. Pourquoi ? Parce qu'en 1995 des mecs en ont utilisé une pour braquer un fourgon blindé de la Brink's dans le Nord à Lesquin. Apparemment c'était des Belges originaires de Walleynbeek, un quartier chaud de Bruxelles. Ces malins ont placé la herse de nuit. Le fourgon rentrait vers vingt-trois heures, et dans l'obscurité il ne l'a pas vue. Mais ils ont dû le stopper avec deux véhicules parce qu'il essayait de rouler pneus crevés. Ensuite les braqueurs ont opéré. Les convoyeurs ne voulant pas ouvrir, ils ont mis un pain de plastic, et les ont tués. Un braquage sanglant, à la belge. Les braqueurs belges sont des gens extrêmement violents. Tu ne verras jamais une attaque de fourgon blindé en Belgique sans un coup de feu, sans blessé. Bien sûr nous n'allons pas prendre exemple sur eux, même s'ils ont pris quinze millions de francs. Mais dans chaque attaque de fourgon, il y a un point positif à retenir. Là, c'est la herse. Sauf que nous n'allons pas taper la nuit. On est au printemps, la herse ils vont la voir. On imagine de la peindre en gris goudron mais c'est trop risqué, pas assez efficace.

On imagine ensuite de le bloquer avec un camion devant et un autre derrière. Mais c'est extrêmement technique, ça demande une synchronisation redoutable.

Nous avons pleinement conscience que ce n'est pas un jeu. Tu risques ta vie et tu vas risquer la vie d'autres personnes. Ce ne sont pas des policiers lambda qui vont nous traquer et les peines ne sont pas les mêmes. On entre dans un autre monde. On était des bandits, des bons braqueurs, mais là, c'est la ligue des champions du banditisme.

À cette époque-là, ça faisait presque sept ou huit ans qu'il n'y avait pas eu d'attaques de fourgons blindés dans la région parisienne. Pourtant des grosses équipes de la banlieue sud, de Montreuil, les mecs de la Dream Team [1] qui faisaient déjà les dépôts avaient essayé mais sans succès. La discipline était l'apanage des sudistes, des gangs corso-marseillais.

On avait un putain de challenge. Les convoyeurs de la société que l'on visait étaient particulièrement retors : en 1995, ils avaient refusé d'ouvrir à des mecs de Montreuil et de la banlieue sud. Un malfaiteur avait été blessé. Idem en 1996 avec les mecs de la Dream Team qui avaient arrêté le fourgon avec un camion toupie devant et un second derrière. Les convoyeurs n'avaient pas voulu ouvrir. L'un d'eux avait même fait un malaise cardiaque. Et lors d'une autre attaque début 1997, un braqueur s'était fait tuer.

A priori les types n'allaient pas ouvrir la porte. Il fallait donc démontrer très rapidement que nous n'étions pas là pour rigoler. Bluff ou pas bluff, ce qu'il y avait de sûr c'est qu'il fallait qu'ils aient la peur de leur vie : à se pisser dessus. Il fallait les convaincre que la seule chance qu'ils avaient d'en sortir vivants était d'ouvrir la porte. Pour gamberger à la meilleure façon d'y arriver nous avons loué une salle de réunion dans un hôtel. Sur le tableau on a dessiné un fourgon blindé avec les meurtrières de face et de profil. Et là je m'aperçois tout de suite d'un truc. Sur le côté droit, il y a trois meurtrières et une seule devant et derrière. Il y a une porte latérale de chaque côté. Comme ils ne savent jamais de quel côté ils vont arriver, cela leur évite de faire demi-tour. Ils peuvent ainsi ouvrir tout de suite.

1. La Dream Team, d'après la police, la meilleure équipe des années 90, une équipe mélangeant parisiens et sudistes.

On va éviter de se mettre sur les côtés, là où ils ont trois postes de tir, mais plutôt devant.

On prend la bonne décision dès le début, et automatiquement, le reste déroule. Un peu comme si tu étais sur un jeu video : tu trouves la bonne réponse et les autres solutions apparaissent naturellement. Tu t'aperçois tout de suite que tu rends inactifs deux des convoyeurs. Ils ne pourront pas mettre leurs trois flingues dans la meurtrière. Deuxièmement, tu vois les trois types et ce qu'ils font, s'ils ont leur 357 à la main par exemple. Ce qui n'est pas le cas sur le côté : ils peuvent s'abaisser et comme le fourgon est un peu en hauteur... Troisièmement, tu vois leurs visages, s'ils sont paniqués et pétrifiés.

Enfin, il ne faut surtout pas tirer sur le fourgon. Si tu le fais, leur premier réflexe va être de se baisser pour se cacher et de prendre leur arme pour se défendre. Tu vas en plus leur donner le courage et la force de se défendre.

On débat. Chacun donne son avis. Et on tombe tous d'accord. Lors de cette première soirée on réalise que l'on commence à connaître le sujet. Ça y est, c'est exactement comme pour les barrettes informatiques ou sur les autres affaires : on se met sérieusement sur quelque chose, et on y arrive. Il faut bien comprendre qu'on parle de psychologie du voleur. On est trois, quatre mecs, et on y pense vingt-quatre heures sur vingt-quatre : on dort fourgon, on se réveille avec, on mange avec, dans la voiture on en discute, on est à fond dans le truc. C'est un conditionnement extraordinaire. On est en train de préparer trois ou quatre minutes de travail pendant trois ou quatre mois. Imagine dans quel état on sera au moment du braquage.

Mentalement, psychiquement, on leur sera supérieurs. On y croit. On a le courage, on veut y aller.

Vous n'avez pas peur ?

Celui qui te dit qu'il n'a pas peur, c'est soit un fou soit un menteur. Tu commences à avoir peur dès la préparation. Parce que tu sais que cela va être sérieux. Plus tu te rapproches de l'acte, plus tu te mets la pression. C'est très angoissant. La peur est une sensation. Le gangster, comme le flic ou le gendarme, la recherche. Il s'agit de repousser les limites. Lorsque tu braques un fourgon blindé, le taux d'adrénaline est à son maximum. Tu risques ta vie et tu le sais. Tu vas affronter trois gars armés, les convoyeurs, surentraînés et protégés par un « Tank ». Le degré de concentration est très élevé. Ton placement et tes gestes sont précis. Personne ne parle et tout se lit à travers le regard des autres. Tu entends ton cœur battre très fort. Tu nages dans la sueur même en plein hiver. Il n'y a plus de sang qui coule dans tes veines. Les visages sont glaçants. Et puis d'un coup, c'est parti ! Là, tu n'entends plus rien. C'est la guerre. La planète s'arrête de tourner. Tu es dans une autre dimension. Tu es en immersion. Pas trop à l'aise non plus, mais ultra-concentré. Tu t'en vas. C'est terminé. Le soir, chez toi, tu es vidé. Tu ressens encore les palpitations de ton cœur lorsque tu t'endors.

Si cela te met dans des états pas possibles, alors pourquoi le faire ?

Ta question m'angoisse vraiment. Je ne peux pas te dire. C'est difficile de trouver réellement la réponse. Tu montes au braco face à des gens armés. Non seulement ils peuvent te tirer dessus, mais en plus, il te faudra les neutraliser sans blesser personne. En clair, va falloir mettre ta tête devant eux. Alors quoi, je suis fou ? On est à la limite de la folie et du raisonnable. On se situe juste entre les deux parce que l'on va y aller « techniquement ». On va peser et calculer le risque. Mon pote, lorsque tu passes par toutes ces émotions et que tu restes vivant, que tu as réussi ton coup : t'es un super ! Après, il faut avoir la faculté de toujours se remettre en question car tu vas devoir « repartir au braquage ».

Revenons à l'affaire, il vous faut peaufiner quand même…

Au fil des jours et de nos observations. Par exemple, on remarque un fourgon garé dans la rue. Et qu'est-ce qu'on voit ? Un convoyeur qui fume une cigarette et jette la cendre par la meurtrière. On traverse devant lui, sans le regarder. Un regard un peu trop appuyé, attention, cela peut être mortel ! Ils sont très méfiants. Comme il a ouvert la meurtrière, on voit un petit peu le trou et on se rend compte que le diamètre ne fait même pas dix centimètres. Cela veut dire qu'il ne peut pas passer sa main mais seulement glisser le canon de son arme sans grande possibilité de mouvements latéraux. Plus tu te rapproches et moins il peut t'atteindre. Si tu colles le fourgon, tu n'es plus dans son angle de tir. On vient de se rendre compte qu'ils ne peuvent pas nous toucher. C'est assez extraordinaire.

Vous avez la technique mais il vous manque encore les armes de guerre...

Il va nous falloir des fusils d'assaut. Parce que si on n'en a pas, on n'aura pas l'air sérieux. Mais ça ne suffira pas pour qu'ils ouvrent. Ils savent que les balles ne traversent pas le blindage, et seront en confiance.

On imagine de brandir un lance-roquette pour les faire vraiment flipper, mais nous n'en aurons pas besoin. Pourquoi ? Parce qu'il y un nouveau venu dans la bande. Un type qu'on a rencontré en Israel.

Ça c'est des rencontres que tu vois uniquement dans les cités. Les grands voyous à l'époque se rencontraient dans les cours de prison, dans les bars et les discothèques. Nous, on est peut-être des bandits, des braqueurs, mais on n'appartient pas au grand banditisme. Les rencontres ne peuvent pas se faire par ce biais. On ne se mélange pas et on ne fréquente pas les discothèques. En revanche, on passe pas mal de temps dans les salles de jeux vidéo. Un jour, à Tel-Aviv, alors que nous sommes dans l'une d'elles, un mec nous entend parler français.

– Ah vous êtes français ? Moi aussi. Je fais mon Alyah [1].

Ça nous touche de voir ce mec qui est parti en Israël pensant trouver le paradis. La plupart de ces gens ne voient Israël qu'en vacances. Quinze jours ou trois semaines à Tel-Aviv, à aller à la plage et manger chez Fresh Man, un bon restaurant où tous les Français se donnent rendez-vous. Ils mangent les petits schnitzel, les falafels, ils bronzent, ils flânent dans Tel-Aviv, ils vont au mur des lamentations à Jérusalem et le soir, ils vont en boîte. Israël pendant quinze jours, c'est magnifique. Mais au quotidien, c'est moins sympa. Les paies sont loin d'être les mêmes qu'en France : tu travailles plus dur, pour gagner moins. Tu veux venir avec tes diplômes ? Il n'y a que des diplômés en Israël. La vie est très chère, et tu souffres. Tu rencontres une autre misère. Ta famille te manque. J'en ai connu plein moi de français comme ça, qui ne restaient même pas un an. Mais il y en a d'autres qui partent avec leur famille, leurs enfants, qui lâchent tout et qui s'installent définitivement. Ceux-là avec Bruno et Stéphane, on les admirait. Putain, ils ont tout lâché pour y aller !

Lorsqu'on a rencontré ce mec dans la salle, on a cru qu'il était de cette trempe. Erreur. S'il s'est barré, c'est parce que ses parents ne veulent surtout pas qu'il revienne en France. Ils ont senti qu'il allait mal finir. Et effectivement on s'entend tout de suite bien avec lui, on parle le même langage.

Lui aussi nous a repérés. Il passe du temps avec nous et comme il n'a pas trop d'argent, on lui paie à manger, les sorties. On se rend compte que c'est un brave mec qui a une

1. L'immigration en Terre sainte.

mentale. Si tu viens avec ta copine il ne va pas la regarder. Il est dans le respect. Et quand on lui demande :

– Qu'est-ce que tu fais dans la vie ?

– Je suis militaire.

– Putain ! Et tu es militaire dans quoi frérot ?

– Génie civil.

Il ne pouvait pas mieux tomber, on est fondus d'armes. Quand on voit des militaires passer, on est comme des gosses :

– Regarde le M16 ! le Galil ! Regardez, là, le lance-grenades !

Et, surprise, le mec, il vient un jour avec son M16 ! En Israël, rien d'extraordinaire à ce qu'un militaire sorte avec son arme.

Il nous amène dans un champ et nous donne un carton de munitions. On va alors passer des demi-journées entières à tirer. C'était à quinze kilomètres au nord de Tel-Aviv au milieu des orangers dont les fruits nous servaient de cibles. Mais la troisième fois on est tombés sur un gardien. Il nous a vraiment pris pour des cinglés. On a changé, c'est pas les coins désertiques qui manquent là-bas. Le seul truc qu'on craignait, c'était les hélicoptères militaires.

Ensuite on a arrêté de tirer dans des champs. Avec cent cinquante euros, on peut le faire tout à fait légalement dans des stands.

On est allés à Eilat où un ancien officier de l'armée israélienne qui avait fait la guerre des six jours nous a appris à tirer. Au Galil, au Jericho, au Uzi, au M16. On a passé des journées là dedans à apprendre à manier les armes et à tirer.

Et notre nouveau pote, dans son appart, nous a montré comment démonter et remonter un M 16. Il nous a également expliqué les différentes catégories de balles, les balles traçantes, perforantes, à blanc : tout le bordel... Résultat, on devient de fins connaisseurs et de très bons tireurs.

Vous avez parlé délinquance avec lui ?

Il ne disait rien mais on a su qu'il traînait avec des Russes qui faisaient des conneries, des petits cambriolages. Israël, c'était les années 30. Les petites supérettes il suffisait de monter sur le toit, de le défoncer et de se servir. Il n'y avait pas de braquages en Israël. À l'époque, ce qui marchait fort, c'était les vols de voitures. Essentiellement commis par des arabes.

Les arabes et les juifs, question voyoucratie marchent main dans la main, c'est dommage qu'au niveau politique, on n'arrive pas à s'entendre aussi bien ! Même les politiques ont lancé des débats pour comprendre pourquoi la mafia israélienne et la mafia palestinienne s'entendent comme des frères.

A l'époque, il y a donc beaucoup de trafic de voitures mais peu de vols. La première fois que j'ai changé mon argent français dans les bureaux de change, j'étais mort de rire. Il n'y a pas de sas, et un guichet tenu par un mec tout seul. Et un coffre avec 300 000 $ derrière. Le problème, c'est que, comme on dit, on ne chie pas où on dort...C'était pourtant d'une simplicité ! Un truc de fous. En plus ils ne marchent qu'au cash. Il y en a énormément. On était vraiment impressionnés. On se disait qu'on aurait pu faire un tabac. On avait parfois les mains qui nous grattaient.

Mais on n'était pas complètement cons, on savait que là-bas, on ne devait pas se faire remarquer.

Vous vous dévoilez quand à votre copain ?

Un jour, on se lance. Il nous demande si nous aimerions avoir nos propres armes. Il ne sait pas ce que l'on fait, mais il a remarqué qu'on règle tout en espèces... Du coup, on lui explique qu'on est des voleurs et pour que tout soit transparent entre nous, je lui précise dans la foulée que je ne suis pas feuj mais rebeu.

– La vie de ma mère, je pensais que vous étiez tous les trois arabes !

Votre copain vous fournit des armes ?

Même mieux. En discutant avec lui, on se rend compte que le mec est spécialiste en explosifs.

Entre-temps on était repartis faire nos repérages en France. Et là on venait de revenir pour quinze jours. Quand on voulait se changer les idées, se reposer un peu, on allait à Tel-Aviv, notre base arrière. Cette fois, on lui dit qu'on a besoin d'un mec comme lui pour un gros coup. Il n'a pas l'air surpris :

– C'est quoi ?

– Un fourgon blindé.

Il accepte immédiatement. Et ensemble, nous allons observer les fourgons dans Tel-Aviv.

Mais les camtars locaux n'ont que deux convoyeurs, et ce sont de vraies poubelles. Il nous précise qu'il peut les exploser sans problème. On lui sort les photos qu'on a apportées de France pour travailler. Ces modèles là ne devraient pas poser de problème non plus. OK, mais il doit se charger de récupérer du plastic.

Deux jours après, il en rapporte quelques kilos qu'il a piqués à un mec qui garde des chars. Dans chaque char, il y a une réserve avec du plastic, des grenades fumigènes et du matériel de survie. Il a réussi à les piquer en déjouant la surveillance de son copain. On découvre la différence entre un détonateur électrique, à mèche et un modèle à percuteur. En Israël, ils ont du matériel d'orfèvre.

On s'entraîne dans des champs à manier les « détos ». Il nous explique que le matériel est délicat et les accidents fréquents. C'est un perfectionniste qui se comporte avec nous comme un instructeur de Tsahal. Il connaît la musique, il a été démineur : il nettoyait le terrain pour que les commandos passent et ensuite les couvrait avec son M 16 depuis un point haut.

Notre formation se poursuit avec le maniement du C4, de la pentrite, du semtex... Après être devenus de bons tireurs nous voilà maintenant artificiers.

OK, mais vous n'avez pas ce matériel à disposition en France...

Ouais il nous reste un problème de taille à résoudre : comment faire passer le matos en France ? Il est hors de question que nous le prenions avec nous dans l'avion. On pense alors à un pote juif qui a l'habitude d'aller en Israël. Il est au courant de nos magouilles mais lui est honnête. Tout gangster a besoin de quelqu'un d'honnête chez qui dormir, laisser ses papiers ou d'autres trucs.

Pour ma part, c'était un ami d'enfance qui m'a toujours aidé lorsque j'étais dans la merde.

Bref, le copain passe trois détonateurs en les cachant sur lui. Il fallait faire très attention parce qu'à l'époque, les douaniers israéliens avaient une sorte de gant qui réagissait aux substances explosives : ils le passaient dans les bagages ou sur toi. On avait donc plastifié les détonateurs pour qu'aucune substance n'en émane. On avait également peur des chiens anti-explosifs. On a aspergé de laque de coiffure un kilo de plastic et le mec l'a passé en compagnie de sa femme et de ses quatre gosses… on l'a bien récompensé !

En revanche, il n'était pas possible de rapporter les fusils d'assaut. Et c'est là qu'on est obligé de mettre un pied dans le Milieu.

Je décide de passer par le fourgue qui devait reprendre la marchandise de la bijouterie de Chantilly.

Un gros bandit de cité, un beur du 93 qui tenait la route et manœuvrait son équipe de cinq mecs d'une main de fer. Un véritable « Scarface » de cité. Il se faisait 150 000 € tous les mois en revendant cinq cents kilos de shit acheté à des voyous tradis de la banlieue sud qui le respectaient. Au début des années 90, la plupart de ces mecs venaient de finir des peines pour braquage et s'étaient reconvertis dans les stups.

Je l'ai connu par un semi-grossiste de Creil qu'il fournissait, et ça a tout de suite collé entre nous. Il me cerne très vite et voit que je suis sérieux. Il en rencontre tellement des déglingués, des mecs qui n'arrivent pas à l'heure… Lui c'est un professionnel : il roule en voiture louée comme moi, se lève à cinq heures du matin et finit sa journée à vingt-trois heures…etc… Quand j'avais besoin de petites choses comme des plaques d'immatriculation, des attestations d'assurances, je passais par lui. Et moi en contrepartie je lui rendais également des petits services. Bref, il avait le même âge que moi – vingt-quatre ans – et on s'entendait bien. Même si je n'étais pas attiré par ce milieu-là, force est de constater que ce mec méritait mon respect. A la tête d'un clan plutôt familial, il s'occupait bien de ses affaires, ne balançait pas, et était le numéro un dans sa ville de banlieue et tenait une bonne partie du 93.

Ok, mais le recel ?

Un gros bandit de cité à l'époque c'est un mec qui touche-à-tout, qui va là où il y a de l'argent. Lui, il était certes grossiste mais également receleur : capable de racheter cash une cargaison de Lacoste, de te prendre un camion de whisky ou de tapis marocains.

C'est à lui que je vais m'adresser pour les Kalach. Elles commencent juste à arriver en France et il n'y en a pas beaucoup. Mais pas de problème, il m'en trouvera. A l'époque il en avait pourtant marre de prendre des commandes d'armes parce qu'il les vendait principalement aux membres du Milieu traditionnel et qu'ils étaient souvent mythos: ils commandaient, ne les prenaient pas et lui perdait la face. Avec moi, il sait qu'il n'y aura pas de problème. Il récupère à droite et à gauche deux Kalachnikovs et un Uzi auprès de dealers de sa connaissance. Des mecs de quartier qui les avaient achetés à un albanais qui faisait du trafic de fourmis.

Maintenant qu'on a les fusils d'assaut, il nous faut aussi des gilets pare-balles. Direction une armurerie parisienne où on se fait passer pour des journalistes qui partent en reportage de guerre... On les renforce avec des pochettes en cuir comme on a pu le voir dans le livre sur le GIGN. Pour les combinaisons d'intervention, c'est pas compliqué: surplus militaires. Les cagoules? Dans les magasins de moto. Gants de golfeurs ou d'équitation chez Décathlon. Talkie-walkie à Rosny-sous-Bois chez un commerçant. On se fait passer pour une boîte de sécurité et on prend des Kenwood, que l'on verrouille sur cinq fréquences. On achète des micros cravate et des oreillettes. On s'organise comme des commandos.

Et l'objectif se précise?

D'autant plus que nous allons bénéficier d'une taupe dans une entreprise de transports: le rêve de tout braqueur!

C'est mon ami dealer de Creil qui me parle de lui: le mec lui achète du shit pour sa conso et au détour d'une conversation lui a confié où il bossait. Je lui réponds que j'aimerais bien voir son client. Pas de souci. Il me le présente: le gars bosse bien au dépôt et il n'a pas l'air stressé lorsque je lui parle de mes projets. Il ne me demande rien sur mon parcours et s'inquiète seulement de la méthode employée pour arrêter le fourgon. Je le rassure tout de suite en lui disant qu'on ne tire pas et lui détaille le coup de la meurtrière :

– De toute façon, il me dit, si tu nous braques, on sort, il n'y a pas de héros dans la société.

Ensuite, on passe en revue les coups possibles : un gros convoi fait le trajet entre le dépôt d'Arcueil dans le Val-de-Marne et celui de Villepinte. Il vient déposer et reprendre de l'argent et trimballerait cent millions de francs, plus de quinze millions d'euros : je marche.

Villepinte, je connais bien. Ce dépôt fait partie de ceux que l'on a surveillés. Mais on avait été refroidi par le commissariat situé juste à côté, à deux cent mètres. Le mec rentre ensuite dans les détails : le fourgon emprunte deux itinéraires à sa guise. C'est aléatoire, c'est le chauffeur qui décide. Mais dans tous les cas, il arrive à Villepinte. C'est là qu'on le tapera.

Le mec me donnera le numéro du fourgon à dix-neuf heures le jour-même. Pour être sûr de braquer le bon. Ok, mais le portable je ne pourrais pas l'utiliser sur place, sinon les flics pourront récupérer la borne et voir d'où l'appel a été passé. Il devra téléphoner le numéro à quelqu'un posté à Paris dans une cabine téléphonique qui ensuite m'appellera.

Le jeudi suivant, on procède à des repérages. On note les problèmes qui pourraient surgir : deux fourgons qui rentrent en même temps et surtout l'utilisation du tank. Un fourgon très impressionnant qui fait une fois et demie la taille normale, et muni de vitres teintées qui empêchent de voir l'intérieur. La décision est tout de suite prise : si c'est ce fourgon là, on reporte à la semaine suivante.

Les repérages se succèdent et j'affine l'endroit du braquage. A la sortie de l'A86, le fourgon emprunte un rond-point, puis une avenue à six voies avant de tourner à gauche dans l'allée qui mène au dépôt situé dans une mini zone d'activités. On ne pourra pas le faire sur le rond-point. Il y a trop de circulation et nous serons à vingt mètres du commissariat. Ensuite sur l'avenue, c'est trop large, le fourgon peut éviter l'embuscade. En revanche, l'allée qu'il emprunte ensuite est parfaite. C'est désertique et il ne voit rien arriver. Pour l'arrêter, on utilisera un de ses défauts : les deux-roues à l'arrière sont protégées par une plaque d'acier, mais pas celles de l'avant parce qu'elles sont directrices, et donc obligées de tourner. On va donc lui foncer dans la roue avant pour qu'il s'arrête. On sort les convoyeurs, on les accroche, on prend l'argent et on se casse. On discute de l'arrivée probable des policiers, mais on ne se préoccupe absolument pas du dépôt des convoyeurs de fonds et de la trentaine de gardes armés qu'il abrite. Ils ne nous impressionnent pas du tout, bien que nous allons braquer leurs collègues sous leurs nez.

Bruno se postera devant le dépôt avec son fusil d'assaut et un lance-roquette dans le dos et on verra si quelqu'un bouge ! A mon avis, ils ne sortiront pas parce que tu es déjà en position de tir prêt à les recevoir. C'est d'ailleurs le défaut des dépôts : il n'y a qu'une seule entrée. Il suffit de viser cette entrée et personne ne peut sortir. Le pilote, je le vois un peu hésiter quant à la technique d'immobilisation :

marchera, marchera pas ? Alors je prends la responsabilité de conduire le véhicule. Au dernier moment je tournerai à gauche et je briserai la roue du fourgon.

On revient sur la police, le commissariat de Villepinte. Je prends ma Clio commerciale et je vais sur place. J'arrive là-bas à onze heures du matin. Je prends un sandwich et je m'assieds sur l'un des petits bancs qui font face à l'Hôtel de police. Je vois les paniers à salade passer, les petites voitures de police, les bacmen et leurs 306… Je reprends ma voiture et je constate qu'il faut une minute entre le commissariat et le point d'intervention. Ils vont avoir un appel dans les quinze secondes. Ils vont en discuter entre eux :

– Qu'est-ce qui se passe ?

– Un fourgon est attaqué !

…30 secondes.… Ça fait déjà 45 secondes. Ils vont y aller au moins à trois ou quatre et en voiture.

Comment c'est un flic dans un commissariat ? Il n'a pas son flingue sur lui. Il y en aura au moins un qui ne l'aura pas. Il faudra donc qu'il aille chercher son arme, et éventuellement mettre des balles dedans. Il faut également qu'il mette son gilet pare-balles, même si à l'époque ce n'était pas obligatoire. Ils vont perdre du temps. On passe à trois minutes quinze. Plus la minute que j'ai chronométrée pour venir en voiture. Disons quatre minutes.

On pense pouvoir le faire en trois minutes trente, je suis certain que les mecs vont nous ouvrir la porte sans problème.

Les autres sont perplexes :

– Attends, c'est pas sûr.

– Pas sûr ? Avec des mecs qui arrêtent un fourgon à deux cent mètres d'un commissariat…

On travaille ensuite sur l'itinéraire de fuite. Surtout ne pas se barrer du côté du commissariat. Au volant de ma Clio commerciale je repère l'itinéraire pour se casser. Un pont enjambe l'A104. Il mène à l'aéroport de Roissy qui est juste à côté. Super. Changement de voiture à l'aéroport, car comme nous l'avons vu dans *Heat*, les hélicoptères n'ont pas le droit de survoler les zones aéroportuaires…

Raconte nous un peu la flippe avant, parce que là c'est le premier ?

La température monte quand vient la simulation. Les jours qui précèdent on a dû répéter quatre-vingt dix fois les mêmes gestes. Ces simulations vont nous servir à nous conditionner. A chaud, on ne pensera pas, on répètera mécaniquement.

On se chronomètre : combien de temps on met pour sortir les convoyeurs de fonds ? Trente secondes. Combien de temps pour les accrocher ? Trente secondes. On doit pouvoir le faire en quinze secondes, ça fait quarante-cinq secondes. Le mec qui rentre et qui vide les sacs, combien de temps il met ? Dès que les convoyeurs sortent, il faut vite rentrer dedans. Etc…etc…

Vous avez peur ?

Oui. Tu devines la peur dans les yeux des autres, même si on essaye de ne pas la diffuser. Mais tout le monde est animé d'une détermination sans faille. C'est ça la clef du braqueur de fourgon blindé, c'est plus fort que les explosifs, c'est plus fort que les fusils d'assaut, c'est plus fort que tout. C'est la dé-ter-mi-na-tion. On est conditionnés psychiquement, physiquement : on est au top. Et surtout on a une expérience en béton. On a le sang froid des braqueurs pros. Mais là en plus, l'affaire nous plaît : il n'y a pas de prise d'otages, ça ne dure pas toute la nuit, mais quatre à cinq minutes. Et le coup est beau !

Je propose aux autres de porter des masques de hockey pour faire vraiment peur aux convoyeurs.

– Arrête tes conneries Doc !

– Si, on va utiliser des casques de hockey frérot, comme dans *Heat*, ils vont péter un câble.

Dans les jours qui suivent, on envoie un coursier les acheter. On se dit que si ça marche, on continuera à en utiliser : ce sera notre signature. Pas pour faire les beaux, non, ni pour se foutre de la gueule du monde comme les postiches savaient si habilement le faire : on voulait que les convoyeurs sachent à qui ils avaient affaire. Si le coup se passait bien, les suivants se diraient : « eux, ils vont pas nous tuer, ouvre la porte, c'est des professionnels mais ils ne rigolent pas. »

Il nous faut également réunir les véhicules. La voiture qui leur foncera dessus risque d'être endommagée, donc on la laissera sur place. Il nous faut également deux camionnettes pour le bloquer devant et derrière. On ne sait jamais, même avec une roue cassée, ils sont capables de vouloir faire les cakes. Il va falloir aussi un véhicule au rond-point de Villepinte pour nous signaler l'arrivée du fourgon. Ça fait quatre véhicules. Les deux véhicules pour se sauver et les deux autres en relais garés à Roissy. Ça fait en tout huit véhicules. J'ai un professionnel du vol de voiture avec moi. Il a déjà une Renault Safrane et une Audi. De mon côté, j'ai deux Renault Express. Les autres, dont les deux camions, je les commande à un voleur de voitures de Creil.

Je fais l'inventaire du matériel et procède à un dernier repérage le jeudi.

J'évite de déléguer. Je fais tout moi-même. Ça évite que quatre ou cinq personnes puissent faire des conneries.

Vous êtes quasi-prêts ?

Sauf qu'on ne sait toujours pas à combien on va y aller. Pour répondre à cette question, on fait appel à notre « prof » Michael Mann. Dans *Heat* ils montent à cinq.

Et les deux types qui nous manquent, c'est le fourgue-dealer du 93 qui me les présente. Un beur du 93 et son pote malien de Drancy qui avaient l'air cool.

Des mecs de cité, mais différents de nous : tout le temps dans les boîtes de nuit, qui prennent de la cocaïne, qui fréquentent le pseudo grand banditisme. En un mot des voyous.

Les mecs parlent argot comme dans les films :

– On se donne rendez-vous dans un rade…

– Un rade ? C'est quoi ça ? Tu peux m'expliquer ?

– Ben un rade, c'est un café.

Limite on débarque d'un village, les paysans du Milieu…

– Tu connais mon papelard ?

– C'est quoi ça le papelard ? C'est un portefeuille ?

– Mais non c'est mon C.V.

Qu'est-ce que c'est que ce dingue ?

Bon, on se dit qu'on va le garder pour un coup ou deux et qu'après hop ! Un coup de pompe et il repart dans sa cité.

Le beur est en cavale, il revient lessivé de Marbella, limite clodo. Il y fréquentait un peu les voyous. Un mec qui se rêve en truand, avec les codes. On ne le cerne pas encore comme une crapule. Il est couillu. Il a un peu de matériel : un 38 spécial, une grenade. Finalement il vient avec son pote qui nous ramène une AK 47 qu'il veut nous vendre 25 000 francs… Le mec, on va taper un fourgon et déjà il veut nous gratter. Alors qu'on a déjà sorti 100 000 francs… mais le fourgue me convainc :

– Achète-la, c'est une galère d'avoir des armes.

Et je la prends.

C'est délicat de monter sur une telle affaire avec des inconnus…

Je sens que le beur ce n'est pas un professionnel, même s'il est déjà entré dans des banques. Il avait sans doute la capacité à diriger quand il était avec ses sbires dans le 93, mais là, il est simple soldat. Mais le mec a envie. Je le sens vaillant. Je préfère ça à un type complètement endormi.

Le problème, c'est que mes potes n'aiment pas les deux nouveaux. Il y a quelque chose qui ne passe pas. Moi je les sens pas trop mal. Pourtant l'autre, c'est une grande gueule mais on ne le sait pas encore.

C'est le dealer du 93 qui me le dira après l'affaire :

– Fais gaffe, il s'en met un petit peu trop dans le pif et il jacte beaucoup. Il s'est acheté une moto et tout le monde sait qu'il fait les fourgons blindés, fais gaffe.

– Merde…

– Ça va, il ne connaît pas ton nom.

Ce qu'on ne sait pas, c'est que le deuxième, il est pareil. Il raconte sa vie à droite à gauche. Il dit qu'il traîne avec les gros voyous, il roule.

– C'est moi qui suis dans les fourgons… les hockeyeurs, c'est moi…je suis un chaud …

Il se prend tout de suite pour un autre.

Mes potes de toujours m'ont pourtant prévenu :

– Ce ne sont pas des mecs comme nous.

C'est vrai : ils n'ont pas la même hygiène de vie. Ils sont trop en confiance. Ils commencent à rigoler, à sortir des vannes.

Ce qui n'est pas franchement le genre de mes potes si tu vois ce que je veux dire.

Par mesure de sécurité on cloisonne. On n'a pas envie de se retrouver avec un guet-apens du GIGN ou du RAID. L'ennemi numéro 1 du braqueur, c'est l'embuscade des poulets. Aux deux mecs, je ne leur dis rien, juste :

– On a une prochaine affaire qui va vous intéresser…

Tout est prêt, il reste combien de temps avant l'affaire ?

Quelques jours… je décide d'aller me changer les idées à Cannes. On descend au Carlton. Je me repose, je vais à la piscine, je vais à la plage et je fais le vide. Malgré la préparation carrée de l'opération, je suis toujours envahi par le doute. Je me remets en question. Je me demande si ça va marcher, si j'ai raison, si je n'ai rien oublié...

Sur ce genre d'affaire tu risques ta vie. Et je risque aussi la vie des autres. Je n'oublie jamais que là, attention, les armes peuvent parler. Tu vas avoir affaire à des mecs qui ont un 357 magnum, des « pompes »... avec des flics qui vont venir sans gueuler « haut les mains ». Tu as un gilet pare-balles, des fusils d'assaut, le flic ne va pas chercher à comprendre, c'est clair : il va prendre son arme et il va la vider.

Et puis merde, je fonce, j'ai vingt-quatre ans :

– Le coup est trop beau, on va leur mettre une raclée !

Je suis gonflé à bloc. Je remonte à Paris. Les voitures sont là, plaquées. Toutes dans le 93. Je félicite les garçons. On loue à nouveau une salle de réunion au Campanile. On apprend nos rôles par cœur. On dessine le fourgon blindé, chacun sait où il doit aller...

Avant de partir, on se donne rendez-vous le mercredi, la veille de l'affaire, pour une dernière simulation, dans les bois. Ça hurle, ça va vite. Je gamberge à fond sur l'immobilisation du fourgon. Il faut absolument que je l'arrête. Car c'est moi qui foncerai dans la roue.

– Ne vous inquiétez pas... mais quand je vais l'arrêter peut-être que mon airbag va me péter à la gueule et que je vais être coincé, venez me chercher, ils risquent de me tirer dessus.

Je prévois un couteau à cran d'arrêt pour crever l'airbag en cas de problème. Je prendrai la Safrane qui est solide et avec laquelle je ne serai pas encastré si jamais le choc est trop violent. C'est une Safrane V6 injection, elle sera assez puissante pour péter l'essieu. Toute neuve, elle doit avoir 10 000 kilomètres. Mon pote a été la roder sur le périph.

Le deuxième point à soigner, c'est la rapidité d'exécution. Il faudra avoir des gestes précis avec les convoyeurs pour les sortir en cinq à dix secondes. Dix secondes perdues, ces trois voitures de flics qui arrivent. Dix secondes gagnées, et c'est une confrontation en moins avec les policiers.

Le jour J, nous changeons nos plans si minutieusement préparés. Les parents de la personne chez qui nous devions nous planquer après l'affaire sont rentrés de vacances. Du coup, nous prenons deux chambres au Campanile de Senlis. Des chambres communicantes et surtout auxquelles on accède sans passer par l'accueil. Il n'y a en outre ni gardien, ni caméra, ni code.

On s'y prépare. Tout le monde a bien son matériel ? Sa combinaison, sa cagoule, son masque de hockey, son gilet pare-balles avec le talkie-walkie accroché dessus et relié au micro-cravate, son Beretta 9 mm de secours au cas où l'arme automatique s'enraye, son fusil d'assaut avec quatre ou cinq chargeurs, des grenades. En plus, on a une mitrailleuse lourde, une MG 42, pour impressionner les convoyeurs ainsi qu'un lance-roquette. On a des pistolets-mitrailleurs Uzi planqués dans les vide-poches des voitures en cas de problème. Je porte un M16 à crosse repliable et par sécurité j'ai un 357 magnum dans une banane que je porte dans le dos.

Nous devons être en place vers dix-neuf heures trente, dix-neuf heures quarante cinq.

Et à l'heure dite ?

Nous arrivons tous dans un sous-marin. Les véhicules sont déjà en place, chacun a sa clé glissée dans un de ses gants. Nous sommes en combinaison et il fait chaud en ce mois de juillet. Qu'est-ce qu'on sue dans ce putain de Peugeot Expert ! Avec la tension et la pression la température est encore plus élevée…

Je fais le tour du dispo avec mon talkie. Il n'y a que moi qui communique. Personne d'autre n'a le droit de parler.

– 2.08, tu me reçois ?

Un complice qui est au rond-point doit nous signaler l'arrivée du camion :

– Toujours rien

– Ok, 2.09 tu es en place ?

– Ouais ouais, je suis dans le bahut.

Il n'est pas au volant du camion pour ne pas être repéré, mais derrière, il n'a plus qu'à passer devant et démarrer.

Je regarde Bruno :

– Ça va ?

– Ouais ça va aller.

– T'inquiète pas ça va super bien se passer.

Je suis obligé de rassurer le groupe : une vraie équipe de foot avant un match.

– Ne vous inquiétez pas les gars, là on est chez nous : la rue nous appartient !

Le courage, c'est contagieux. Les associés doivent se dire :

« Waouh le mec, il est trop fort ! ». Alors que tu es toi-même envahi par le doute…

Tout le monde est concentré.

Deux minutes après j'entends :

– 2.08, tu me reçois ?

– Ouais.

– Le RER va entrer en gare…

C'est parti ! On sort comme des balles par les portes latérales. La rue est déserte. Je monte dans la Safrane et je passe devant le Peugeot Expert. Les autres rejoignent les Audi et me suivent en file indienne.

– 2.08 tu me reçois ?

– Comment ça se passe ?

– On est au rond-point.

Je joue avec l'accélérateur de la Safrane. Je suis super déterminé à lui foncer dessus, à lui défoncer la roue et à sortir en bombe atomique en le braquant. On est dedans. On est dedans à fond. Ça ne sert à rien d'avoir peur maintenant, on y va :

– Il est là ou pas ?

– Non, attends… ça y est ! Il part.

Je compte jusqu'à neuf… Je démarre et je le vois arriver. Il a enquillé l'allée et roule doucement. J'arrive en sens inverse et alors que je suis à sa hauteur, je lui fonce dans la roue avant gauche. Un bruit énorme. L'airbag ne se déclenche pas. Le chauffeur du fourgon croit à l'accident. Je sors du véhicule. Je mesure 1 m 83, je suis imposant. Je prends mon M 16…

– Sors ! Sors ! Sors !

Le mec me fixe tandis que le Peugeot Expert se gare devant le fourgon. Pour l'instant tout va bien sauf que le camion, conduit par l'un des deux invités et qui devait rester au bout de l'allée et bloquer l'accès aux flics, nous rejoint et se place juste derrière. Je continue de gueuler :

– Sors ! Sors ! Sors du fourgon !

Le mec tourne la tête. Il voit le beur gicler du Peugeot Expert et installer la MG 42 entre le pare-brise et la portière conducteur. Bruno et Stéphane arrivent avec leurs Kalashnikov. En cinq secondes on se retrouve à quatre face au pare-brise :

– Ouvre ton fourgon ! Sortez ! On va tout faire péter.

Je lâche le M 16 que j'avais en bandoulière. J'ouvre la banane et je sors le plastic. Alors le chef des convoyeurs, un vieux avec des cheveux gris, se lève et dit calmement :

– On sort ! On sort !

Impressionnant. En moins de quarante-cinq secondes, ils nous ouvrent la porte.

– Hop, les flingues, les flingues !

J'en sors un premier, puis un deuxième, et je leur attache les mains dans le dos avec des serflex. Je leur retire les 357 magnum et je les jette par dessus le grillage qui longe l'allée. Seul le chef d'équipe est resté à l'intérieur pour nous ouvrir le coffre. Mon pote doit rentrer dans le véhicule et vider les sacs. Le type nous explique :

– Je ne peux pas ouvrir le coffre si la porte latérale est ouverte : il faut le faire en même temps !

– Ne joue pas au héros : pense à ta femme et à tes enfants ! On n'a pas le temps !

Je lui dis ça très calmement mais fermement.
– O.K. monsieur…
Je referme la porte et je me tourne vers lui :
– On y va à trois…1, 2 et 3 !
Mais je suis plus rapide que lui, ça ne marche pas.
– Tu te fous de ma gueule ou quoi ?
– Mais non monsieur !
– OK, on recommence. 1,2,3 !
Cette fois, ça s'ouvre. Il n'a même pas le temps de faire un geste que je le prends par l'épaule, je le sors et lui fais une clé. Il tombe à terre et je lui mets le serflex.
– Fais-pas le con !
Alors que je m'écarte, j'ai le réflexe de regarder à l'intérieur du camion et… je comprends tout de suite qu'il y a trop de sacs. Merde. C'est mort, on ne pourra pas tout prendre. On va prendre deux ou trois milliards sur les dix. Je m'en veux, c'est une erreur grave de ne pas y avoir pensé.
En attendant une voiture arrive… Je fais signe au conducteur de stopper, le M16 à la main : il ne s'arrête même pas, il fait demi-tour. Puis c'est un poids-lourd qui arrive de l'autre côté. Je me dirige vers lui avec le M16.
– Descends ! Descends ! Sors du camion !
Le chauffeur descend. Je claque la porte et je lui dis de se barrer.
Il se sauve comme une balle.

Pour espérer prendre le max de sacs, il nous faut rapprocher encore les voitures. Je retire mon M16 qui me gêne et je prends le volant de la première Audi. Marche arrière, marche avant pour la bouger et j'ouvre le coffre et les portes. Je laisse le moteur tourner et je pars vers la deuxième voiture. D'un seul coup, j'ai un flash. C'est trop facile. C'est incroyable ce qui nous arrive. La roue s'est pliée, les mecs ont ouvert la porte en deux secondes, il y a des milliards, j'ai fait demi-tour avec la voiture... Tu es un génie ou quoi ? Non, c'est trop facile.

Je prends le deuxième véhicule, je fais marche arrière

– Allez les gars ! On se dépêche ! Les sacs ! Les sacs ! Les sacs !

On a déjà perdu une minute avec l'histoire de la porte et du coffre. On est déjà à trois minutes trente. Qu'est-ce qui se passe ? Les autres vident les sacs mais ne les chargent pas dans le coffre. Putain, ces connards de convoyeurs ont mis les sacs de pièces au-dessus des sacs de billets. Il faut donc les virer pour prendre les bons. Une galère !

D'un seul coup, on entend « pinpon, pinpon »...

Ils arrivent plus vite que prévu. Au lieu d'être là à quatre minutes quinze ils arrivent à trois minutes quarante cinq... Le camion qui devait être en travers et les ralentir n'y étant pas... Le beur crie :

– La police ! Il y a la police !

Il a un 38 spécial, des grenades et il recule vers la voiture... Il est prêt à se sauver. Il a peur. Et là je vois la 306 grise de la B.A.C. qui arrive. Les flics pensent que c'est le dépôt qui est attaqué. Et que le fourgon est arrêté par un embouteillage. Mais quand ils m'aperçoivent en plein milieu de la route avec le casque de hockey, ils comprennent tout de suite. Un flic ouvre sa portière, son gilet pare-balles pend, il n'a pas eu le temps de l'accrocher. Le temps que je récupère mon 357 dans la banane – mon M16 est resté dans la voiture lorsque je l'ai manœuvrée –, il m'allume. Je prends une balle dans l'épaule et je tombe par terre. Ça dure à peine deux secondes, j'entends des détonations. Bruno, derrière moi, est en train de vider sa kalachnikov sur la voiture de la B.A.C. Les quatre flics l'ont abandonnée pour plonger au sol. Planqués derrière des sapins, ils ont les mains sur la tête et ne bougent plus. Et j'entends l'autre qui continue de tirer :

– Bande d'enculés !

Et Stéphane à côté qui lui gueule :

– Allez, dégomme-les ! Dégomme-les !

J'ai le réflexe de me lever.

– Putain, je suis touché !

J'ai tellement mal que j'ai l'impression que mon bras est resté par terre. Je le cherche avec ma main droite et je constate qu'il est toujours là !

Je fonce vers l'Audi mais je ne peux pas prendre le volant. J'intervertis avec Stéphane. Les coffres des voitures sont pleins de sacs mais on a laissé par terre des milliards ! On prend la première à droite et on se compte pour vérifier qu'on n'a oublié personne.

On l'apprendra plus tard mais après les giclées au fusil d'assaut, personne ne s'est risqué à nous suivre. On aurait pu partir à cinquante à l'heure.

Les Bacmen lancent un appel général, mais personne ne vient. A Roissy, on change de bagnole comme prévu. On charge les sacs et on trace sur l'autoroute A1, direction l'Oise. La veille, on a scié une barrière des services d'entretien de l'autoroute pour éviter le péage. En empruntant des petites routes de campagne, on rejoint la planque. Pour éviter un accueil de la BRI [1], la règle d'or est de ne jamais retourner au lieu de départ. Parce que malgré notre cloisonnement, malgré l'anonymat dans lequel on vit, malgré notre extrême discrétion pour monter sur les braquages, ils peuvent nous avoir remontés. Et dans quatre vingts pour cent des cas, ils nous attendront au retour. Avant, ça les intéresse moins, nous ne prendrons pas assez cher et sur le moment c'est trop risqué d'intervenir.

Une fois dans la planque – un appart dans une résidence – il faut prévenir un médecin pour me soigner. Je ne peux pas sortir à cause du sang.

Je n'ai pas mal mais je suis blanc. Mes potes ont les yeux qui brillent, limite ils vont pleurer. Je sens qu'ils prendraient ma place s'ils le pouvaient. Il règne un silence de cimetière.

Je demande à Bruno de charger le calibre que je porte encore dans la banane.

– Pourquoi ? Qu'est-ce que tu vas faire ?

– Charge le moi !

Il me le charge. Et là je leur dis :

– Le premier qui veut m'amener à l'hôpital, je lui tire dessus. Vous vous démerdez, vous me ramenez un médecin.

Je tairai les modalités, mais on trouve quelqu'un qui

1. Brigade de recherche et d'intervention, « l'antigang », la BRI intervient pour interpeller les groupes de malfaiteurs se livrant à des actes de banditisme graves comme les vols à main armée, les séquestrations, les prises d'otages.

rapplique en trois heures. C'est Stéphane qui va chercher cette personne. Elle m'ouvre et :

– Vous avez une chance Monsieur !

La balle a traversé le muscle qui sépare le bras de l'omoplate avant de ressortir par l'aisselle. Elle n'a touché ni organe ni os.

– Faut jouer au loto Monsieur !

Il me colle un flacon entier de Bétadine, me fait une piqûre, et me donne des cachets. Ensuite il me fixe une attelle et me donne rendez-vous dans deux jours dans une clinique pour passer des radios.

Je reste seul dans l'appartement. Miraculé ou trompe-la-mort, plutôt trompe-la-mort parce que si la balle n'était pas ressortie par l'aisselle, j'étais mort… je revois le médecin une fois. A l'hôtel Concorde Lafayette. Je loue une suite, il ramène sa trousse et une grande nappe stérilisée. Après une anesthésie locale, il me soigne. Il me pose une nouvelle attelle pour me maintenir le bras et j'arrive à conduire. Au bout de quinze jours je retire l'attelle, ça commence à cicatriser.

Je suis alors retourné le voir pour lui filer 200 000 francs, il n'a pas voulu les prendre.

Entre-temps les autres sont partis en vacances. On se revoit au mois de septembre pour débriefer. On se pose plein de questions. Faut-il continuer dans les fourgons ? Vu le danger est-ce que ça vaut le coup ? Faut-il prendre le risque de se mélanger ? On a rencontré deux mecs avec qui ça n'a pas marché. On s'est aperçu que le grand banditisme, c'est un milieu de jacteurs, de frime et d'apparences.

Il faut donc faire très attention, c'est un monde de jaloux et sur le terrain les mecs ne sont pas aussi bons que ça. On décide donc de couper avec le Milieu.

Stéphane et Bruno, eux, sont très remontés contre les deux autres. En particulier contre celui qui n'a pas mis le camion où il devait à Villepinte.

– Moi je ne bosse plus avec eux…

– C'est quoi ces merdes de banlieue ?

Moi, je n'ai pas la même version… Trois semaines avant Villepinte, il y a eu une autre attaque de fourgon en région parisienne. Réalisée au camion-benne comme dans *Heat*…

Exact et alors ?

Et alors, d'après mes infos, c'est vous qui l'avez réalisée. Je te la raconte ?

J'aime les belles histoires !

L'Israélien n'aurait pu être dispo à la date convenue et tu aurais recruté un copain de vingt ans avec lequel tu as fait plein de cambriolages quand t'étais jeune. Un pilote « d'un autre monde » qui aurait tout de suite accepté de conduire le camion-benne. Comme il n'en avait jamais conduit, il a fait appel à un pote à lui, chauffeur routier

depuis vingt ans, qui en a ramené un et lui a expliqué comment ça marche. Le mec est tellement balèze qu'en une heure, il savait conduire le poids-lourd : faire un créneau, repartir en marche arrière... Dans la foulée, il vole un benne avec un museau qu'il gare dans le parking de l'usine où travaillait ton père. Tu l'y aurais d'ailleurs accompagné en cotte bleue et casque de chantier pour en changer les plaques d'immatriculation.

Ensuite vous auriez effectué des simulations dans les bois en dessinant un fourgon au sol : un commando de trois hommes se plaçait devant le pare-brise avec un lance-roquette que le chauffeur vous aurait rapporté de Belgique. Il y allait souvent acheter des cartes grises volées et c'est par un garagiste qu'il a eu le lance-roquette. Garagiste qui vous fournira plus tard des Kalashnikov.

Lors des simulations, vous ne braquez pas le lance-roquette sur le fourgon au motif que les convoyeurs ne seront pas dupes : ils savent très bien qu'il faut se mettre à quatre vingts mètres pour tirer. Il est là pour montrer – une fois de plus – que vous êtes des gens sérieux. Vous voulez les forcer à ouvrir en les menaçant de faire péter le pare-brise à l'explosif, mais là aussi ce serait du bluff. Si vous l'utilisez vous savez très bien qu'il y a un risque de tuer les convoyeurs. L'un de vous aurait alors eu une idée en regardant la télévision. Lors d'un incendie à la basilique de Florence, un pompier a cassé la vitre pare-balle qui protégeait une relique qu'il fallait absolument sauver. Et il l'a fait tout simplement à l'aide d'une masse. Vous en auriez donc acheté une dans un magasin de bricolage au cas où les convoyeurs n'ouvriraient pas.

Ensuite vous avez poursuivi vos simulations pour répondre aux différentes questions qui se présentaient. Qui sort les convoyeurs ? Qui les garde ? Qui prend les sacs ? Qui conduit la voiture ? Il faudra penser à régler les rétros à sa taille… etc… Qui monte devant ? Qui monte derrière ? Où fait-on le relais ? Vous auriez décidé de le faire à Fresnes en forme de clin d'œil à ton frère incarcéré. En plus Fresnes est voisine d'Orly où vous allez disposer les voitures relais car comme vous l'avez appris dans *Heat*, les hélicoptères n'ont pas le droit de survoler les aéroports.

Ensuite, vous auriez imaginé de le freiner avec une voiture avant de lui rentrer dedans avec le benne. Et de le faire suivre par une autre voiture pour éviter la présence de véhicules à ses côtés lorsqu'il serait percuté.

La planque pour les heures qui suivent le coup vous aurait été fournie par une de vos connaissances à qui vous avez payé un séjour en province. Les voitures, vous les auriez garées dans le parking longue durée d'Orly à cinquante francs la journée. Vous seriez montés à cinq : toi, Bruno, Stéphane, le chauffeur du benne et les deux mecs avec qui vous taperez un mois plus tard à Villepinte. Les deux, vous préférez qu'ils ne montent pas sur le fourgon mais qu'ils se postent à cent mètres pour bloquer les voitures. En plus ils sont invités, vous n'allez donc pas leur confier les taches les plus dangereuses.

Une fois le fourgon engagé sur la nationale, le beur devra placer des panneaux de déviation au carrefour précédent et dire aux gens de circuler.

Je continue ?

Vas-y…

Les policiers vous attribuent l'affaire parce que l'équipe qui l'a réalisée a utilisé comme vous à Villepinte – et comme dans *Heat* – des masques de hockey.

Comme sur cette première affaire vous n'avez pas tiré sur le fourgon blindé, ni insulté ni frappé les convoyeurs et qu'enfin les journaux ont salué cette performance : « Si braqueur était un métier ils seraient sans doute meilleurs ouvriers de France… », voyant en vous des professionnels du grand banditisme… vous vous êtes dit que ce serait une bonne signature. Que les convoyeurs vous reconnaitraient, et qu'ils vous ouvriraient la porte.

Après votre succès de Villepinte, des imitateurs vont aussi monter au fourgon ?

Ce qui nous a complètement désarçonnés. Effet de mode oblige, au mois de septembre, on est pris de vitesse par d'autres. Plusieurs équipes fleurissent en région parisienne. Au mois d'octobre, il y a deux ou trois attaques de fourgons blindés, au mois de décembre, sept ou huit. Le dépôt ACDS de Vert-le-Grand est attaqué à l'explosif. Il y a une attaque de fourgon blindé à Orly, une autre à Rungis, à Aulnay-sous-Bois, à la Porte de la Chapelle… du délire.

Puis au mois de janvier, deux ou trois autres, et en février cela repart de plus belle. 1997 sera l'année record des attaques de fourgons blindés en région parisienne. On a donné des idées aux mecs de cité. Ils ont lu la presse et se sont dit : « Putain les mecs, ils ont fait comme dans *Heat*, avec des fusils d'assaut. »

Ça leur a donné du courage et il y a un vrai effet de mode qui s'est enclenché. Tout le monde y est monté.

Lorsque nous avons lâché les deux autres, ils ont formé un embryon d'équipe dans leur cité du 93. Au mois de novembre 1997, ils ont braqué un fourgon blindé ACDS dans le XIe arrondissement près de Nation. Ils feront l'affaire avec Antonio Lagès, « le Portugais » [1]. Ils arrivent à faire sortir deux convoyeurs de fonds, mais le troisième s'enferme et réussit à prendre la fuite avec le fourgon.

Il y a beaucoup d'échecs. Sur les sept attaques de fourgons blindés qu'il y aura après nous en région parisienne, seules deux réussiront.

Et vous ?

Il nous arrive une histoire de fous. Fin novembre, on décide d'aller surveiller un dépôt à Vert-le-Grand dans l'Essonne. Trois ou quatre bâtiments de la société ACDS situés dans la zone industrielle. On projette d'attaquer le gros fourgon blindé ACDS qui rentre le jeudi soir avec une partie de la recette des supermarchés de la semaine, et de l'argent de la Banque de France qui sera dispatché en fin de semaine dans les distributeurs automatiques. Parfois il arrive à vingt heures, d'autres à vingt-deux heures. Lorsque le fourgon est annoncé et qu'ils ouvrent

1. Abattu le 23 octobre 2000.

le dépôt, trois ou quatre gardiens armés sortent pour l'attendre. C'est un gros convoi : ils sont sur les dents.

Tous les jeudis, on arrive en début de soirée, vers dix-neuf ou vingt-heures, lorsqu'il fait nuit, avec une camionnette sous-marin.

Je dépose mon pote vers dix-sept heures. Il va se planquer dans une haie de buissons située juste en face du dépôt. Il ne bouge pas jusqu'à mon retour. Si le besoin s'en fait sentir, il pisse dans une bouteille en plastique pour ne pas laisser d'A.D.N. Il est muni d'un talkie-walkie Kenwood pour me joindre, tandis que je vais vérifier les allées et venues au rond-point voisin. On poste également un troisième guetteur devant le dépôt, caché derrière des arbres à côté d'un garage.

Un soir, alors que l'on planque, une estafette s'approche. Elle ralentit et dépose un mec dans le bosquet où mon pote se cache… Cela paraît dingue mais nous sommes deux équipes sur la même affaire !

Mais la deuxième est moins prudente. Mon pote, je le dépose sur la départementale, où il fait semblant de faire du stop. Il marche, il marche, et dès qu'il arrive à hauteur des arbres, il rentre dedans. Les mecs semblent certes aguerris, mais trop à l'aise. Leur chauffeur s'arrête directement devant le bosquet et dépose son passager, une armoire à glace habillée en noir. Mon pote est tapi à quelques mètres de lui sans qu'il s'en aperçoive. Il ne bouge pas. Quand le mec s'est bien installé, il sort un talkie-walkie :

– Ça y est, je suis en place.

Pour m'informer de la situation, mon pote, lui, appuie

sur le bouton du talkie-walkie, mais ne dit rien. J'entends des voitures passer en me demandant ce qu'il est en train de faire. A l'heure convenue, je vais le chercher. Je passe devant le bosquet, personne. Je m'arrête et je l'appelle avec le talkie :

– Qu'est-ce que tu fous ? Je suis là !

Silence. Je me casse et je repasse.

– Putain, t'es là ou quoi ?

Je klaxonne.

Le mec de l'autre équipe doit se demander si c'est pour lui.

C'est le bordel.

Je pars récupérer la troisième personne en planque à côté du dépôt et on retourne voir. Il descend et entre dans le bosquet d'où il ressort avec le pote.

– Tu devineras jamais…il y a un mec qui surveille la même affaire que nous.

– Arrête tes conneries…

Il me raconte le truc. En plus, il a oublié sa bouteille de pisse. Il repart la chercher et lorsqu'il revient, le Renault Express vient chercher le mec. On se jauge du regard. Et ils nous font un petit signe de connivence. On ne s'est pas rencontré et chacun fait sa vie.

Bien plus tard dans une cour de prison, je raconterai cette histoire à un membre éminent de la Dream Team qui me répondra avec un sourire qu'il connaissait l'histoire : dans le bosquet, ce n'était pas lui mais son pote X…

Dans tous les cas, le samedi 17 décembre 1997 le dépôt sera attaqué avec un camion benne volé Porte de Versailles.

Avec, les braqueurs ont défoncé le sas d'entrée et Michel Crutel, qui était encore avec eux à l'époque, est rentré le premier. Ensuite, ils ont fait péter les portes blindées à l'explosif et ramassé l'argent dans la salle de comptage : dix-huit millions de francs, un peu moins de trois millions d'euros.

Vous, vous aviez abandonné l'idée ?

Non, on attendait que le dépôt ré-ouvre après l'attaque : il était fermé pour cause de travaux… Pour obtenir des infos, on se poste dans un café voisin. Et on discute avec le patron. On parle de foot, il aime ça. On lui laisse croire que l'on est de Corbeil et qu'on aimerait s'inscrire au club de foot. Le terrain a l'air sympa, on aimerait commencer l'entraînement assez vite. Le mec nous dit que les joueurs effectivement sont assez bons, qu'ils viennent parfois boire un verre… Là j'interpelle Stéphane.

– Eh tu sais que tu n'es pas dans n'importe quel patelin ici… c'est là qu'il y a eu toutes les attaques à main armée.

Les yeux du barman s'illuminent. Il va pouvoir encore raconter ses histoires ! Il va pouvoir briller !

– Quelles attaques ? me répond Stéphane

– Ben les fourgons blindés…

– Mais non, c'est pas là…

– Comment que si que c'est là ! nous coupe le barman.

Il nous raconte que le dépôt a déjà été attaqué en 1995.

– Une belle affaire, ils ont pris tout le monde en otage.

Effectivement en 1995, Michel Crutel et ses associés avaient déjà pris trente cinq millions de francs. On avait même évoqué les frères Hornec à l'époque, mais ce n'était pas eux.

Le barman nous « apprend » que le dépôt est actuellement fermé.

– Ben oui, ils ont tout fait péter : ils ont mis des explosifs dans les charnières.

Les convoyeurs qui fréquentent le bar lui ont tout raconté.

Notamment l'attaque qui s'était déroulée six mois avant.

– Les types ne se sont pas pris la tête. Ils ont ramené un camion benne, et ils ont fait comme dans le film, *Heat*. Vous avez vu *Heat* ? Et bien ils nous ont fait *Heat*, ici sur la départementale.

– Ah bon ?

– Ouais, toute la départementale : ils ont fait un barrage à gauche, un barrage à droite, et le camion benne a percuté le fourgon, pas de mort, pas de blessés... Les flics qui sont venus déjeuner ici, ils ont dit que c'était «du grand banditisme»...

– OK... et ils ré-ouvrent quand le dépôt ?

– Ben je crois qu'ils vont pas ré-ouvrir.

Il avait raison. Un mois après, la société ACDS déposait le bilan. On s'est retrouvés comme des jeunes des cités qui crevaient la dalle et qui les suppliaient d'ouvrir : « On vous attend ! ».

Entre-temps, toujours selon mes infos, vous en avez fait un troisième avant de lorgner une nouvelle affaire... que vous allez cette fois rater.

Là, ça se passe en Seine et Marne, et il s'agit de taper la recette des supermarchés. Vous avez quadrillé le secteur, observé les allers et venues des fourgons autour des supermarchés et jeté votre dévolu sur la recette du Carrefour de Meaux. Dans ce style de magasin, le fourgon ramasse en général entre un et deux millions de francs. Vous vous êtes séparés des deux autres et avez récupéré l'artificier. Vous êtes donc cinq, toi, Bruno, Stéphane et le pilote. L'un s'occupera de l'immobilisation et de rapprocher les véhicules pour la fuite. Un autre s'occupera des convoyeurs de fonds. Un troisième rentrera pour récupérer les bons sacs en laissant ceux contenant les pièces, les cartes bancaires, les chéquiers... bons sacs qui, une fois sortis, seront convoyés jusqu'aux voitures par un quatrième. Le dernier couvre tout le monde. Et le fourgon, vous comptez l'arrêter à la «marseillaise» en le prenant en sandwich avec deux camions. Tu n'étais pas forcément pour, mais le pilote veut la faire « technique ».

Lors du coup, le camion percute bien le fourgon à l'avant, mais ce dernier réussit à prendre la fuite bien que le chauffeur soit complètement sonné. Pas un seul coup de feu n'a été tiré.

Sur ce, l'un d'entre vous déboule avec le véhicule de repli, voit la scène et ne peut se résoudre à le laisser filer: « Putain on a déjà galéré trois mois à rien foutre à cause de l'autre équipe qui a défoncé le dépôt, maintenant lui il se barre? Je ne peux pas le laisser partir». Et il fonce dans le fourgon. Le chauffeur, choqué, fait une marche arrière et repart, puis parvient à rentrer au dépôt sous les hourras en héros !

De votre côté, l'ambiance est tendue. Le mec ayant percuté le fourgon avec la voiture de fuite, vous voilà à pied... et obligé d'aller la brûler à cents mètres d'où vous êtes ! En plus, des gens commencent à sortir.

Tu t'y colles et lorsque tu rejoins les autres, vous ramassez le lance-roquette resté par terre, ainsi qu'un pistolet-mitrailleur. Bref, passé le coup de panique, vous vous reprenez. Et vous braquez un couple qui arrive en Renault Espace. Ça se serait passé comme ça :

– Monsieur, sortez tout de suite du véhicule.

– Attendez, monsieur, je vais me garer...

– SORTEZ DE CETTE BAGNOLE...

– Bernard, Bernard laisse la voiture !

– Allez les mecs, montez dans la voiture !

Le pilote monte à l'avant, toi à ses côtés et les trois autres derrière. Au moment où retentit la sirène des pompiers du village... Des types sortent alors avec des fusils de chasse, et vous ramassez même une canette sur la voiture : la Résistance !

Vous arrivez à quitter ce village mais le pilote roule trop vite, il percute un trottoir et vous crevez. Une voiture arrivant, vous vous plantez au milieu de la route, les uns avec les kalachnikovs, les autres avec le lance-roquette. Et vous gueulez :

– Arrête, arrête !

Le type vous laisse sa voiture et vous gagnez l'autoroute par un accès de service. Le pilote continue de rouler

comme un fou en slalomant sur l'autoroute. C'est pourtant inutile, vous avez changé de voiture.

Et à hauteur de la Francilienne, des gyrophares se profilent. Dans la voiture, on entend seulement le bruit des balles que chacun remonte dans le canon. Toute le monde est calme… et personne ne tirera car juste après Villepinte, vous tombez sur des bouchons. Et le pilote, en passant au millimètre, se dégage beaucoup plus rapidement que les policiers, qui restent englués.

Vous quittez l'autoroute juste avant Roissy, et vous changez de voiture dans la zone aéroportuaire.

Dans la voiture, le pilote se fait chambrer :

« Ah elle est belle la technique marseillaise !…Le camion devant, le camion derrière… T'es qu'un fouteur de merde… maintenant à toi de gérer tes conneries. »

Et vous partez un mois prendre l'air.

Dis-donc, on t'en raconte des belles histoires…

Et toi tu fais quoi ?

Je pars en Israël. Pour cela j'ai une technique, et des faux papiers qui tiennent la route. Je prends le TGV jusqu'à Genève, en première, en costard, avec la housse à vêtements : à la douane suisse ils ne me regardent même pas, ils jettent vaguement un œil à mon passeport. Bonjour le profiling !

Arrivé à l'hôtel Mövenpick en soirée, je leur donne tout de suite mon billet pour les mettre en confiance. Ensuite, ma ruse consiste à prendre un vol intérieur Genève-Zurich. Le premier, celui qui arrive à huit heures à Zurich. A l'embarquement à Genève, je récupère auprès des hôtesses Swissair ma deuxième carte d'embarquement et leur demande de faire suivre mes bagages jusqu'à Tel-Aviv. Je prends ensuite quelques journaux, un imper Armani que je tiens sur le bras et je me mêle aux banquiers qui vont à Zurich. On ne demande jamais ma pièce d'identité. On n'est pas encore dans l'après 11 septembre. À Zurich je ne change même pas de satellite et je monte dans l'avion pour Tel-Aviv sans aucun contrôle. Quand je pose les pieds en Israël, le douanier se dit que j'ai été contrôlé à Paris, deux fois à Genève, et à Zurich. Il est archi en confiance. Or personne n'a touché mon passeport !

Plutôt que de me fondre dans la foule, j'arrive le premier à la douane. C'est un ancien qui me l'a conseillé. Plus honnête que ça, tu meurs. Il ne faut pas hésiter à en rajouter, à jouer les mecs pressés. Mais je suis décontracté, j'ouvre les deux boutons de ma chemise, je fais le mec qui vient de se réveiller, et je regarde le douanier dans les yeux.

Après je me ramasse encore la sécurité israélienne qui me demande ce que je viens foutre. Je suis carré, j'ai déjà mes potes en Israël. Bon voyage et au revoir tout le monde.

Et une fois à Tel-Aviv, quel est ton programme ?

Je me retape, je mange et je me repose.

En France, j'angoisse, je n'arrête pas de dégueuler,

d'aller aux chiottes… Pour évacuer la pression, certains ont besoin de se bourrer la gueule, d'autres de prendre de la coke, d'autres d'aller voir les putes… moi, je deviens quasi anorexique, tout ce que je mange repart. Je suis dans un tel niveau de stress, de concentration, de tension et de conditionnement.

On séjourne exclusivement à Tel-Aviv, nos journées ne sont pas compliquées. A l'époque, j'avais une copine qui était à la fac de Ramat-aviv. J'habite juste à côté, une sorte de XVIe arrondissement local. Mes potes habitent à Herzliya, le Neuilly-sur-Seine israélien avec la mer en plus.

Le matin je me réveille de bonne heure et je vais déposer ma copine à la fac à huit heures. Elle prend des cours d'hébreu accélérés.

Comment tu fais pour l'argent ?

J'ai un plan par la communauté feuj. Une de mes amies avait un copain qui bossait dans un bureau de change à Paris. Je suis allé le voir et le mec m'a assuré qu'en vingt-quatre heures mon argent serait transféré sur un compte en banque ou qu'en quarante-huit heures, il serait disponible là-bas en espèces. Il me prenait trois pour cent : je lui donnais l'argent et confiance… deux jours après quelqu'un là-bas allait réceptionner l'argent.

Pour ouvrir un compte en banque en Israël, ce n'était pas compliqué. Ils m'ont juste demandé une pièce d'identité. Je leur ai amené 30 000 $ pour en ouvrir un en dollars, et des shekels pour ouvrir un deuxième compte. La fille était affolée que je me promène avec 30 000 $ en espèces et m'a conseillé de faire attention aux agressions…

Pour trouver mon appartement dans le quartier de Ramat-aviv, je suis passé par une agence immobilière : mon interlocutrice parlait français.

– Je suis nouvel immigrant, je fais mon Alyah, et je voudrais faire l'acquisition d'un bien mais en attendant de trouver, j'aimerais louer.

Le discours lui plaît. Je lui raconte que j'ai quitté Paris parce qu'il était trop difficile d'y manger kasher. Je lui parle de Ben Gourion – j'étais plutôt bon en histoire au collège – de l'État d'Israël, de mon amour pour Itzak Rabin. Bref, je la baratine et elle commence à m'adorer comme un fils. Surtout, elle voit que je suis blindé !

– Où voulez-vous habiter ?

– J'aimerais du neuf.

Elle me propose un superbe appartement avec du marbre, trois chambres, autant de salles de bains, un jacuzzi, une cuisine équipée, une grande terrasse :

– C'est exactement ça qu'il me faut.

– Le loyer est de 1400 $. Vous avez des fiches de paie ?

– Non, je suis nouvel immigrant.

– Aïe, le propriétaire va exiger une caution.

– Si vous voulez je le paye six mois par six mois…

– Vous pouvez faire ça ?

– Je le fais même en espèces si vous voulez.

Le propriétaire veut me rencontrer. C'est un notaire, très sympa. Elle négocie avec lui et me baisse le loyer de 1 400 à 800 dollars.

Le notaire se prend de sympathie et se propose de m'aider

financièrement lorsque je vais m'installer. Je leur ai raconté que je voulais ouvrir un restaurant. La nana, elle, m'invite à ses prochaines fêtes familiales… Elle me dit de ne rien acheter, que son frère est le gérant d'un centre commercial et qu'il me fera des réductions. Me voilà installé. Il me reste à acheter une voiture. Je me rends chez le concessionnaire BMW et je paye cash. Le mec me fait la bise en partant.

Tout le monde est très sympa, mais il faut que j'arrive à garder mes distances.

Mon quartier général se situe sur la Tayelet : le front de mer de Tel-Aviv. Je passe mes journées à l'hôtel Dan dont je suis membre du club. J'y rencontre mes amis dans un cadre exceptionnel.

Tu fais aussi une rencontre insolite à Tel-Aviv ?

En compagnie de Bruno, en sortant de l'hôtel Dan, on tombe nez à nez avec Ehud Barak qui vient de prendre les rênes du Parti Travailliste suite à l'échec de Shimon Peres contre Netanyahu. On lui serre la main et en lui disant que l'on est à fond avec lui. Bruno court à la boutique d'à côté et lui offre une montre.

J'assimile vite l'hébreu grâce aux cours dispensés par l'Oulpan, un organisme du ministère de l'immigration pour apprendre la langue. J'y rencontre plein de français. En Israël, je suis dorénavant chez moi.

Le week-end, je vais à Eilat. Je descends à l'Holiday Inn et je visite les hauts lieux historiques du pays. A Ein Gedi, je décide d'escalader une superbe montagne avec deux amies. On crève de chaud. Arrivé au sommet, de l'autre côté c'est la Jordanie. Mes deux copines sont épuisées.

– Regardez ! La Terre promise !

Et là, mon pote, des palmiers, un oasis, des arbres fruitiers, une cascade : ma-gni-fique… On se baigne, l'eau est transparente : un endroit extraordinaire. J'étais dans le délire Adam et Eve…

Le site de Massada, lui me parle autrement. La bataille avec les Romains, mourir plutôt que de se rendre…

Beaucoup de gens y font leur bar-mitsva. Les militaires de Tsahal, eux, y prêtent serment. Mais au-delà de ça, quelque chose te traverse. L'histoire. La vue sur le désert du Négev est extraordinaire. Je tombe vraiment amoureux du désert. Je réalise qu'il y a le Sahara chez moi en Algérie, et que je ne l'ai jamais vu.

Je visite également la partie arabe de Jérusalem. La zone verte, là où il y a les palestiniens. Je leur explique que je suis algérien. Mais les mecs ne me croient pas et pensent que je suis un juif séfarade qui veut leur faire à l'envers. Je rencontre un garagiste d'origine algérienne, qui sait lui, à mon accent qui je suis :

– Qu'est-ce que tu fous ici ?

– Ben je suis en vacances.

Il ne comprend pas que je puisse venir ici en vacances. Il est marié avec une palestinienne.

Autant tu es bien en Israël, mais dès que tu passes la zone verte tu vois dans quel dénuement vivent les palestiniens. Je ne prends pas la rage ni la haine parce que ce n'est pas dans ma nature mais je me dis qu'il y a vraiment une injustice. Parce qu'en Israël parfois j'entendais des réflexions sur les Arabes et c'est là que j'ai pu mesurer la valeur de mes amis. Un jour nous étions dans un taxi avec Stéphane. Et le chauffeur nous explique qu'il ne va pas en France parce qu'il y a trop d'Arabes. Je ne pouvais évidemment rien dire. Stéphane m'a pris la main comme le ferait une mère avec son enfant. Le chauffeur a senti qu'il avait dit une connerie.

J'ai eu un petit pincement au cœur quand j'ai vu un rabbin discuter avec un imam, comme si les palestiniens et les israéliens arrivaient à s'entendre. Il faut dire qu'on était en 1997 et que les choses se passaient encore relativement bien.

Je me suis bien acclimaté et je me sens bien en Israël. Mais il y a un problème. Je m'emmerde. Avec mes associés nous sommes shootés à l'adrénaline et là, nous tournons en rond.

Vous pourriez profiter de la vie ?

On ne sait pas profiter de la vie. On est habitués à notre vie de merde.

Le braquage nous manque. De la même manière qu'on a envie de manger, on a envie de braquer.

On a pris un mauvais chemin. Le problème c'est que ce n'est pas un chemin, ce n'est pas une route, c'est une autoroute. Et on l'a pris à fond, à 250 km/h comme un TGV.

Et sur une autoroute il n'y a pas de rond-point pour faire demi-tour. Tu ne peux même pas t'arrêter. Tu dois aller jusqu'au prochain péage ou à la prochaine sortie. Et pour nous maintenant la sortie, elle a deux noms : la prison ou la mort.

Les affaires marchent. Elles s'enchaînent. Tous les trois mois. On ne prend pas des milliards, mais on se met bien...

Notre vie s'organise toujours entre Tel-Aviv, et la France. Mais pour faire comme tout le monde, nous visitons la Costa del Sol.

Qui vous y amène ?

Tout d'abord nous y allons en vacances. Et puis on a lu que tout le monde partait en cavale là-bas. Alors on se renseigne sur le prix des locations de villa et surtout on découvre qu'on peut les louer sans présenter de pièce d'identité, idem pour les voitures. En résumé qu'il est facile de mettre une frontière entre nous et la France.

A peine à Marbella, on tombe par hasard sur mon pote dealer-receleur du 93 qui nous a fourni les armes. On se garait devant le grand magasin Zara, et il nous a reconnus. Nous avions une Clio Baccara plaquée 60... Il nous donne rendez-vous pour le soir même dans LA discothèque, Olivia Vàlere. Les gens font la queue, mais nous rentrons directement grâce à notre pote par une porte dérobée. Notre ami est respecté ; lorsqu'on y retournera sans lui, le patron nous accueillera toujours avec de grands sourires.

On est assis aux meilleures tables, au milieu des VIP : Sean Connery, Mick Hucknall, le chanteur des Simply Red, Linda Evangelista, Naomi Campbell mais aussi des call-girls… Un copain de Creil drague la belle-sœur d'Adrian Paul, une italienne. Il sort avec, et nous voilà invités à une soirée dans la villa d'Adrian Paul. Je n'ai aucune envie d'y aller : je préfère dénicher des VHS de bons films français : des Belmondo, Gabin, Ventura… l'univers des gangsters. On a loué une superbe villa de style marocain avec un écran géant dans le salon.

Mes potes vont à la soirée chez Adrian Paul. Ensuite ils sont invités chez la meuf de Prince, puis chez Sean Connery…

Je les accompagne tout de même de temps en temps à la boîte. Un jour avec un pote, on s'apprête à s'asseoir pour boire un verre et là il me dit :

– Mate le mec qui est à la table à côté.

C'était Francis le Belge. Comment on le reconnaît ? Parce qu'on a vu sa gueule dans les journaux.

Francis le Belge ! Ça veut dire que l'endroit est carbonisé : il y a toute la pègre ! Du coup on va s'installer au bar. Le Belge n'arrête pas de se retourner, il a l'air parano. Il est avec deux ou trois autres mecs. Des pointures du milieu lyonnais et marseillais.

Quand on s'est levés de la table pour aller au bar, on a remarqué qu'un des mecs de sa table s'était également levé et qu'il était revenu en compagnie d'un pote s'asseoir au bar à trois ou quatre mètres de nous : ils sont en parano…

Avec les têtes et la dégaine qu'on a, ils ont tout de suite vu qu'on était français et se sont demandés qui nous avait envoyés… Là-dessus, notre pote de la boîte de nuit arrive et vient nous saluer. Tout de suite, le Belge se lève et vient vers nous. Notre ami nous présente :

– Francis, je te présente des super mecs.

Le Belge a l'air rassuré. Il nous invite à boire un verre avec lui.

Je ne suis jamais retourné en boîte à Marbella. Dans la faune locale, il y avait aussi beaucoup de cadors de la banlieue sud qui venaient repérer les nouvelles têtes. Histoire d'essayer de les lever s'ils faisaient du shit. Il y en a un qui s'est renseigné sur nous : qui c'est ceux-là ? Où ils habitent ? Quand il a su qu'on était avec le mec, il a laissé tomber. Notre ami les appelait « les apaches » : postés en haut de la montagne, ils regardent ceux qui arrivent, prêts à les niquer. S'ils te coincent, ils te tordent et te découpent : des chauds…

Il y avait d'autres jeunes de banlieue ?

Oui pas mal de Seine-Saint-Denis, du Val-de-Marne, de l'Essonne… Et aussi beaucoup de lyonnais et de marseillais.

Je me suis fait d'ailleurs un pote beur originaire des quartiers nord de Marseille. Un gars qui a fait le même parcours que moi mais dans les stups. Je suis descendu à plusieurs reprises le voir sur la Canebière. Mais juste pour faire la fête ensemble.

Tu as évité de te mélanger ou c'est le prétendu antagonisme entre les parisiens et les marseillais qui t'a empêché de bosser avec eux ?

Pas du tout ! Il n'y avait rien de commun en termes de boulot et c'est pour cela que l'occasion ne s'est pas présentée. Les clichés perdurent grave avec ce délire Paris contre Marseille. La mentalité des jeunes voyous de Marseille, c'est qu'il n'y a ni parisiens, ni noirs, ni beurs, ni chinois… Il y a les « braves mecs » d'un côté et les connards de l'autre côté. C'est ce qui me plaît chez eux.

Pareil chez les lyonnais. En plus des anciens de Vaulx-en-Velin qui sont très respectés, tu as des bons dans les cités lyonnaises. J'en ai croisé pas mal. Je les apprécie beaucoup.

Bon, revenons à la Costa del Sol. Les mecs étaient tous dans les stups?

Tous dans le « chocolate », le shit, qu'ils achetaient pour la majorité au même mec. Mais la Costa del Sol sent la poudre. Il y a beaucoup de tensions et de règlements de comptes. Même les flics espagnols lorsqu'ils te contrôlent sont en panique en constatant que tu es français.

Nous sommes restés trois mois à Marbella. C'est un nid de vautours et un nid d'aigles. C'est un nid de vautours, on l'a vu, et c'est un nid d'aigles parce que tu as de grosses équipes, qui au lieu de se rencontrer au placard, le font à Marbella. Ils se voient là-bas pour travailler ensemble. Une sorte de bourse du grand banditisme…

– Tu veux du shit ? Pas de problème…

– Tu veux de la coke ? Pas de problème…

– Tu montes au braco, tu veux des armes, pas de problème…

– Tu veux des voitures ? Pas de problème…

Et le pire c'est que là tu peux avoir des contacts à Paris, à Lyon et à Marseille. Mieux qu'une cour de prison et en plus tu es dehors ! C'est là-bas aussi que les jeunes ont pu rencontrer les anciens, c'est nulle part ailleurs. Toute la main-d'œuvre qu'on pouvait chercher était sur place. Bien sûr un mec comme le Belge, s'il ne te connait pas, et quand bien même on te présente, ne bossera pas avec toi. Les anciens craignaient la fougue des jeunes rebeus, mais certains d'entre eux étaient là depuis tellement longtemps que des contacts se nouaient néanmoins.

Mais la Costa del Sol ne nous a pas plu. Notre monde y est plus petit qu'à Paris, et avec tous ces voyous, c'est bien sûr rempli de flics.

En rentrant, je pars à New York rejoindre une amie qui y vit. Je pense m'y installer. J'adore la ville, les gens sont chaleureux et ouverts, et comme j'ai pas mal d'argent tout se passe bien. Mais je suis trop habitué à Tel-Aviv…

Excepté en 1998 où tu vas t'y retrouver un peu seul…

Pas mal de mes amis vont aller en prison en cette année 1998. Stéphane tombe pour une histoire idiote en Israël.

Des policiers qui l'ont contrôlé se sont aperçus que ses papiers étaient faux. Ils font une perquisition chez lui et trouvent un flingue. Résultat : il part une pige au placard. Bruno aussi y va, pour une histoire de stups où il a investi avec un mec qui finalement l'a balancé. Il prend trois ans. Il y a aussi un gars qui bosse avec nous et qui se fait péter pour des voitures. Sur un parking il s'est fait repérer par un sous-marin de la gendarmerie de Senlis au moment où il montait dans une voiture maquillée. Des caisses « bougées », il y en avait six, maquillées-plaquées, garées là. En plus le gars était recherché pour un braco où il s'était fait balancer.

Les policiers ne font aucun lien entre nous. Mais dans notre parano on les imagine derrière nous. Qu'ils font semblant de ne pas savoir. La parano, c'est le grand truc de tous les braqueurs. Je dois me barrer.

Sans compter que je me suis fait jeter pour des histoires de braquage de banques et de bijouterie dans l'Oise, que je suis recherché pour les vols de barrettes mémoire, et enfin que l'on a trouvé mon sang à Villepinte et que le jour où ils m'arrêteront ils sauront que c'est moi… ça commence à faire beaucoup…

Si à ce moment j'avais croisé la route d'un ancien, il m'aurait sûrement conseillé de me mettre au vert pendant deux ou trois ans et de laisser venir.

Mais je ne laisse pas venir et je décide de rentrer en France. J'y ai plein de projets en chantier… Problème, je suis en mal d'équipiers. A Creil, un copain qui est dans les stups me propose un nouvel associé :

– S'il te manque quelqu'un pour un transport de fonds, je connais un super mec. Il est vaillant, il est un peu foufou, mais il est très valable.

– Présente-le moi !

Ça ne commence pas très bien. Le type m'a donné rendez-vous sur les Champs-Élysées… Putain, c'est quoi ce mec ! Les Champs-Élysées, c'est pas le coin le plus discret. C'est archi-grillé. Tous les jeunes des cités y traînent. Le huitième arrondissement, c'est le fief des quartiers… les mecs fréquentent les rues de Ponthieu, François Ier… tous les bars, toutes les boîtes, tous les trucs à strip-tease des perpendiculaires ou des parallèles aux Champs-Élysées sont remplis de lascars. La P.J. est donc naturellement là-bas…

En plus, le type m'a donné rendez-vous à vingt-trois heures. On va se retrouver avec tous les clients du 36 qui se lèvent à trois heures de l'après-midi. Ces gars-là ne sont pas du matin…

J'y vais quand même. A peine rentré dans la brasserie où il m'attend, je le repère : crâne rasé, survêtement kaki, ne tournant pas le dos à la devanture…Je le saurai plus tard, ce mec a plein d'embrouilles dans Paris : il s'est fait tirer dessus, et il a tiré sur des gens…

Il est tout seul, mais il a un ouistiti qui lui court sur les épaules, lui monte sur la tête… Toutes les gonzesses du bar se ramènent pour jouer avec le ouistiti. Qu'est-ce que c'est que ce taré ?

On m'a pourtant dit qu'il tenait la route. Que même s'il n'a jamais fait de fourgons blindés, il est chaudard, et qu'il veut faire beaucoup d'argent.

Le mec se présente :

– Je m'appelle Nordine mais tout le monde m'appelle Nono.

On le surnomme le Barge, ou le Dingue. Il a un ou deux ans de plus que moi. L'archétype des malfaiteurs de cité. On discute un peu et je lui lâche que j'ai besoin d'armes. Il en a.

– J'ai une kalachnikov, un M16, un M16 AR 15, des calibres. J'ai les bastos et des gilets pare-balles...

Le mec m'intéresse. Il n'a pas l'air de mythoner, mais je dois m'en assurer. Je prends rendez-vous avec lui trois jours après pour qu'il me montre son arsenal. Il a bien les armes mais aucun chargeur ne rentre dans les flingues...

Ça tombe bien, mon pote artificier israélien est en ce moment à Paris. Il nous rejoint et, en spécialiste, il les démonte et les remonte devant nous. Cette fois les chargeurs entrent sans problème. Nono est ébahi. Cela faisait six mois qu'il essayait de faire fonctionner les fusils d'assaut sans succès. Et l'autre en deux minutes, il les a réparés.

Ce Nono a l'air vaillant, il a du matos : je lui parle de mon projet de transport de fonds.

– J'ai un autre pote qui serait intéressé.

– Ah ouais ?

On discute un peu grand banditisme. Il me parle d'équipes de braqueurs. Il me fait tout de suite comprendre qu'il est proche de Jean-Pierre Lepape [1].

1. Truand de la banlieue sud, Jean-Pierre Lepape a été abattu en août 1998 par deux hommes armés de fusils à pompe à Vitry-sur-Seine. Fiché au grand-banditisme, il était connu pour une fusillade avec la police en 1977. Jamais inquiété par la justice pour ses attaques à main armée, il se serait reconverti au milieu des années 80 dans le trafic de drogue.

Ce Nono tu avais déjà entendu parler de lui ?

Non, autant j'avais entendu parler des figures du grand banditisme dans la presse ou dans les bouquins, autant les caïds de cité même nous à l'époque on ne les connaissait pas. Mais je sens tout de suite que c'est un mec qui fréquente de très gros voyous en région parisienne.

Nono peut avoir des armes, des voitures volées, des faux papiers, et a de bons contacts dans le milieu des stupéfiants. Il a trois ou quatre portables et il touche à tout. Et surtout, je me rends très vite compte qu'il a une certaine aura auprès de la génération montante de Paris et des Hauts-de-Seine. Ces mecs le respectent mais surtout ils le craignent. C'est un mec très dangereux. Lorsque je l'ai rencontré dans la brasserie la première fois, il y avait un stylo sur la table…

Et pendant qu'on buvait le coup je me suis mis à le tripoter. Et d'un seul coup le Nono :

– Hop, hop, hop, touche pas le stylo !

– Ben pourquoi ?

– Pourquoi ? Il est chargé : il y a deux balles de 22 long rifle dedans…

Si un mec entrait pour le fumer, il était prêt à lui tirer dessus avec son stylo-pistolet. Le mec é-qui-pé…

Au troisième entretien, Nono me kiffe, un truc de ouf… Lui aussi m'a testé. Il a donc très vite compris qui j'étais. Jusque-là il ne connaissait que mes affaires par la presse. Maintenant il sait qui est derrière.

A ce moment-là, je réalise que je suis « connu » dans les cités. Indirectement, par les actes accomplis. Les gens parlent de moi. Bien que j'ai toujours opté pour la discrétion, le silence, mais mes affaires me dépassent.

Nono commence à me ramener dans ses points de chute.

Une journée avec Nordine, c'est une journée de malade… je rentre vraiment dans la faune des cités.

Un matin, on doit aller vérifier des armes. Je lui donne rendez-vous tôt, il n'a pas l'habitude, mais il vient. Au passage, il doit récupérer de l'argent auprès de plusieurs personnes. Pas de problème je l'accompagne dans sa tournée. Je croyais bien connaître Paris, j'avais presque tout fait à pied, mais Nono me fait comprendre que je n'ai rien vu. On rentre dans des cités où je n'ai jamais mis les pieds : dans le XXe, le XIXe, même dans le XVe. Il passe vite fait en bas des immeubles et là des mecs lui filent des enveloppes. Il ne prend pas des milliards, mais 30 000 francs par là, 60 000 francs par ici… il discute un peu avec les mecs mais reste deux secondes :

– Ça va ?

– Ouais, ça va la famille ?

– Super. Bon, j'ai pas le temps. Allez, salut !

C'est de l'argent qui provient d'où ?

Stupéfiants : cocaïne et shit. Qu'il ramenait d'Espagne avec son associé.

Mais je comprends que tout le shit n'est pas à lui, qu'il

y a d'autres personnes pour qui il fait le semi-grossiste. Nono avec sa réputation de flingueur, de jobard, de dangereux, on l'envoie récupérer l'argent. Plus tard, je saurai qui sont ces mecs pour qui il bosse : des gros, gros voyous traditionnels des banlieues est et sud et quelques gros trafiquants de cité du 92. Bref, il a une certaine réputation.

Un jour, avec Nono et son associé, nous déambulons dans la galerie marchande de l'hôtel Concorde Lafayette porte Maillot et on croise Marc, le plus jeune membre d'une célèbre fratrie de gitans sédentarisés de Montreuil. Il vient de sortir de La Santé où il a connu Nono. Bien qu'il nous ait vus, il fait mine de nous ignorer. Mais au bout de cinq minutes, Nono me lâche discrètement :

– Mate, mate…

Un gamin de dix ans est planqué derrière un pilier et nous surveille : le rabouin a envoyé son gosse pour voir si on était là pour lui ! Un truc de gitans !

Les voyous gitans, ne joue pas avec eux : dès l'âge de dix ans ils savent ce qu'il faut faire…

Avec Nono, on se la fait ensemble. Je l'accompagne un peu partout. Dans la semaine qui suit il m'amène dans son studio d'enregistrement, situé sous la place Clichy. Nono, c'est un dingue de musique et là-bas, il y a tout les rappeurs que soit disant il finance. En fait de studio de musique, c'est un immense coffee shop où toutes les drogues circulent : shit, ecstasy, cocaïne… au rez-de-chaussée, ça passe, il y a des affiches de concerts, mais au sous-sol… il y a un autre studio et là il faut une lampe pour circuler tellement il y a de fumée. On arrive là-dedans, t'as trente blacks à casquette qui fument des joints, il y a de la coke sur la table, du rap à fond. Bref, tout le monde est défoncé, il y a de l'alcool à gogo et des gonzesses. Nono me montre quelques albums qu'il a financés et qui ont fait des flops. Sur la pochette de l'un d'eux, un rappeur fait le mariole avec des guns. Putain, mais on dirait… les trois fusils d'assaut qu'il m'a montrés… je fais la moue.

– Tu t'en fous, tout le monde croit que c'est des faux…

– Toi, t'es un vrai fêlé. Les vrais guns en photo sur une pochette de disque…

Nono qui est un fou d'armes m'amène dans un stand de tir. Où ça ? Aux Champs-Élysées… Tout en bas des Champs, vers l'avenue Montaigne, il y a un club country avec une armurerie. En sous-sol, il y a un stand pour les membres du club. Et là on se met à tirer avec une variété impressionnante d'armes : 44 magnum, micro uzi, Ruger… Je le crois pas ! On est sur les Champs-Élysées, l'une des avenues les plus fréquentées de la terre et on s'entraîne avec des armes de guerre. Nono est à l'aise, il vient là tous les jours :

– Je tire deux cents balles, ça me fait du bien !

Un fou furieux.

Quelques jours plus tard, je vais le voir chez lui à Courbevoie.

– Il faut que j'aille à Roissy chercher mon pote israélien qui rentre. Tu viens ?

Nono devait me présenter un copain à lui, chaud pour les bracos. On allait chercher mon pote à l'aéroport et ensuite on se verrait tous ensemble.

On convient de se retrouver à dix-huit heures à Opéra. À l'heure dite, il me bippe sur mon tatoo. Je suis déjà sur place et je le rappelle d'une cabine téléphonique du boulevard des Capucines.

– Alors Nordine qu'est-ce que tu fous ?

– Doc, Doc…hier je suis sûr qu'il y avait les decks derrière toi…

– Qu'est-ce que tu délires ?

– Si je t'assure il y avait une Safrane vitres fumées…

– Arrête tes conneries…

A ce moment-là je tourne la tête et par la porte de la cabine je vois une Safrane bleue, vitres fumées…

Merde ! Je ne suis pas armé, rien.

– Elle était plaquée quoi ?

– 92.

Putain, celle-ci aussi !

– Bordel ! Pourquoi tu me préviens que maintenant ?

– Ben, je me suis réveillé il y a une demi-heure !

Parfois, il dormait toute la journée.

– Et moi comment je fais bordel de merde ?

– Ben, barre-toi en courant…

– Ah ouais je vais me barrer à Opéra avec quatre decks derrière ? Je ne sais même pas qui est dans la Safrane. T'es vraiment cinglé…

D'un seul coup la bagnole arrive vers moi. Je me demande ce qu'ils me veulent ces enfoirés. La vitre se baisse lentement…et là, je vois… Nono qui gueule :

– REBENGA !!!

Le nom d'un personnage de *Scarface* qu'appelle à un moment Al Pacino…

– Mais quel malade ! Il faut vraiment te faire soigner !

– Allez Rebenga ! Monte, monte, monte dans la voiture !

Il était chaud bouillant : il avait dû prendre toutes les drogues avant de venir me voir. On part comme une balle de fusil ; s'il y avait eu trois ceintures de sécurité à l'avant je les aurais mises... Je me demande comment on ne s'est pas pris une chasse de la B.A.C. dans Paris. Rap à fond, deux joints dans le cendrier, et vingt autres dans un paquet de Marlboro... et pas du tout venant, du Sum : tu en fumes un, tu dors trois jours. Nono a deux kits mains libres, deux portables et il est habillé en treillis militaire.

On remonte la rue Lafayette, Gare du Nord et on arrive à Marx Dormoy. Là il se met à gueuler :

– J'ai faim ! Viens avec moi...

– Non putain, pas ce fast-food, il est dégueulasse...

On descend quand même. Nono n'a que des liasses. Pas un billet, non, que des liasses. Il commande un menu truc, un menu machin, me demande ce que je veux. Je prends un milkshake. Le type prépare la commande, pose les sacs à côté de la caisse et là Nono redemande un dernier truc. Lorsque le mec se retourne et s'éloigne pour aller lui chercher, il prend les sacs et s'arrache vers la voiture...

Moi, évidemment, j'ai suivi. Dans la voiture, il est mort de rire, il en a mal aux abdos :

– On les a baisés ! On les a baisés...

Tupac Shakur à fond, la fumée des joints, les sacs de bouffe, nous voilà repartis. On arrive sur l'autoroute qu'il enquille à fond. Et puis subitement il s'arrête. Pas sur la bande d'arrêt d'urgence : en plein milieu de l'autoroute.

Les voitures passent de chaque côté dans un vacarme d'enfer. Et il se roule un oinj.

– Alors on flippe hein ?

– Mon frère, je t'aime bien, vraiment. Tu me fais rire, mais là démarre on va mourir !

Il redémarre. On arrive enfin à l'aéroport. Je descends, mais lui refuse de se garer. Il préfère tourner pour rester au dépose-minute. Et comme je vais attendre plus d'une heure mon pote, il fera le tour des dizaines de fois... Enfin mon ami d'Israël arrive. On sort, on se dirige vers la Safrane, Nono est au téléphone. Il démarre en poursuivant sa conversation :

– Bébé, tu as eu l'avocat ? Qu'est ce qu'il a dit pour lui ?

Nous, on ne dit rien. Nono a coupé la musique, ce doit être sérieux.

– Bébé tu sais, il pète un câble, il faut vraiment le sortir de là, je suis passé le voir hier : il est mal, il va vraiment péter un câble. Il ne supporte plus : il est à l'isolement. Il faut que l'avocat fasse quelque chose. Qu'est-ce qu'elle fait la juge ? Il faut que je lui écrive ? Je vous préviens je vais débarquer au bureau du juge. Il faut absolument que l'avocat intervienne... Il ne supporte pas l'isolement, il va vraiment pas bien.

Il raccroche très très énervé. Dans la foulée, il arrache le kit main libre et le jette par la fenêtre.

– Ah putain, ça me casse les couilles ! On va l'arracher !

Avec mon pote on ne pose pas de question. Nono roule à deux-cents sur l'A1 et je ne veux surtout pas le déconcentrer. Il se remet à gueuler :

– Putain j'en ai marre : on va l'évader, on va l'arracher !

Avec mon pote on se regarde : qu'est-ce que c'est que ce truc...

Je finis par dire à Nono :

– Tu veux l'évader, mais attends un peu, peut-être que l'avocat n'est pas bon, qu'il n'y a rien dans le dossier. C'est quoi l'affaire frérot, c'est qui ?

– C'est Pattaya.

– Hein ? Quoi ? Pattaya ?

– Ben oui, Pattaya. Pattaya, c'est mon chien.

– Ton chien ???

Là, on hallucine...

– Ouais, il est en prison, il est D.P.S. [1], et ils l'ont mis à l'isolement. Cette salope de juge, elle l'a mis à l'isolement...

Là c'était trop. J'avais plus d'air, je pleurais de rire. Mon pote d'Israël était sur le cul. J'arrive enfin à me calmer :

– Raconte-moi frérot...

– Ben comme je te le dis : il pète un câble, ils l'ont mis à l'isolement après lui avoir pris son A.D.N. sur une autre affaire...

On est à deux cents à l'heure, dans la fumée de shit...et là Nono le Barge te raconte l'histoire de Pattaya...

– ...C'était sur les Champs-Élysées, j'arrive au rond-point de l'Étoile et je descends l'avenue de la Grande Armée. Là il y a des mecs qui me font une queue de poisson, on s'embrouille. Et on s'arrête pour se bastonner... Je descends pour me friter avec eux, Pattaya est avec moi : il veut sortir. Je lui dis « non, Pattaya, c'est un truc entre

1. Détenu particulièrement signalé.

eux et moi ça ne te regarde pas… » Putain ! Pattaya était zeyef, il était vénère. Il ne pouvait pas participer à l'embrouille. Mais il y en a un qui veut se sauver. Alors là Pattaya réussit à sauter par la fenêtre, et le chope. Il le mord. Les autres flippent … Et là qu'est-ce qui se passe ? La B.A.C. arrive…

– Et ?

– Pattaya faisait des bons « çacom », j'arrivais pas à le tenir : calme-toi Pattaya ! Calme-toi !

Impossible de le retenir…

– Et pourquoi ?

– Il peut pas voir la B.A.C. : ils ont buté son frère, Ghetto. Ils lui ont mis dix-huit balles !

J'ai failli mourir quand il m'a dit ça.

– Et maintenant comment ça se passe ?

– Il est à la fourrière d'Aubervilliers, il est comme un dingue, ils l'ont mis dans un quartier spécial. Mais on va l'arracher !

– Mais arrête de faire le ouf frérot !

– Tu vas voir ! Viens avec moi tout à l'heure, j'ai parloir…

– Un parloir pour aller voir un chien ?

Et oui, il lui fallait une autorisation du juge pour aller voir le clébard.

Vu de l'accueil, ça ressemble à une clinique vétérinaire. Il y a des téléphones qui sonnent à la réception, des gens qui patientent pour des animaux, des gardiens…

Nono se présente :

– Je viens voir Pattaya…

Silence total dans la pièce, puis quelques murmures… Putain qu'est ce qu'on a dit ? C'est un dragon ou quoi ? Un employé de la fourrière s'approche :

– Vous venez voir Pattaya ?

– Oui je suis son maître.

Comme nous l'avait dit Nono, on se rend dans un quartier spécial. Un endroit à part où sont gardés les chiens les plus dangereux : des pittbulls, des rott, des bergers… On suit un couloir genre *Silence des agneaux* et on arrive devant la cage de Pattaya. C'est un Rottweiler, il est balèze, t'as mal à la tête en le voyant…

Le Pattaya, dès qu'il voit Nono, il fonce dans la grille. Bam ! ! ! Il repart en marche arrière et re-Bam ! Il fonce à nouveau dans la grille. Je me mets à flipper en espérant qu'il n'ouvre pas la porte. Un chien en métal. Un dessin animé. Nono, il passe le bras à travers les barreaux et le caresse.

– Viens voir papa mon bébé…

L'employé s'approche discrètement de moi et me lâche, crispé :

– Il est trop dangereux ce chien monsieur, il faut l'euthanasier.

Nono m'a avoué après qu'il lui filait du crack dans sa gamelle, qu'il lui faisait des soufflettes avec ses joints… En fait, le Pattaya, il lui a défoncé les neurones. Quand il parlait de son chien, il ne disait jamais mon chien, mais il disait mon fils.

– Pattaya, c'est mon fils !

Il le pensait vraiment. En partant de la fourrière je me suis dit que ce mec-là était vraiment dangereux.

Le lendemain de la visite à la fourrière, il m'appelle. Je vais chez lui à Courbevoie et je me gare en bas. Je prends l'ascenseur et arrivé devant sa porte, j'entends des coups de feu. J'entre, la porte n'était pas verrouillée. Je suis le bruit et je débarque dans une chambre où trônait un immense home cinéma. Nono était là, en train de regarder *Heat*… Il était en treillis, une cagoule retroussée sur le front, un gilet pare-balles enfilé, un M16 à la main, et un automatique glissé dans la chaussette…

– Ho, qu'est ce que tu fais Nono ?

– Je me conditionne pour l'affaire…

On va dans le salon pour discuter. Nono n'arrêtait pas de se mater dans un immense miroir. Tout à coup, il prend le M16 qui était à ses pieds et il se braque en se regardant dans la glace…

Putain, Nono autant il pouvait te faire marrer, autant tu pouvais te dire que c'était un fou dangereux. Mais il avait mon estime. C'était un mec que je respectais énormément parce qu'il tenait la route, un truc de malade. Ce n'était pas une balance, il avait certes plein d'embrouilles dans les cités, mais c'était un mec fiable. C'est surtout un gars qui marchait à l'affection. Mais malheur à toi s'il ne t'aimait pas. Avec moi ça passait très bien.

C'est ça le milieu des cités. Ils savent recruter, ils savent qui est qui. Ils ont l'œil. Quand Nono et son assoce m'ont connu, ils m'ont tout de suite fait confiance. Par exemple, ils m'ont ramené dans leur appartement du XVIe arrondissement…

Du XVIe ?

Leur planque avenue de Versailles : cent quatre mètres carrés et la Porsche garée en sous-sol.

Nono et son assoce pour me faire plaisir me proposent un appartement en cas de cavale. Sur le coup, ça me rappelle un vieux voyou de la banlieue sud qui m'avait proposé un plan similaire. J'avais refusé à l'époque. Pourquoi ? Parce que c'était une feuj, prénommée France, qui louait les appartements aux voyous de la banlieue sud. Je m'étais dit qu'il ne fallait pas prendre cet appart là, parce que le jour où les condés remontent un mec, ils vont remonter l'agence immobilière et tous les autres apparts avec.

A Nono et son pote, je leur fais une manœuvre :

– Ah ouais un appartement, c'est pas France qui vous les loue ?

Ils me regardent :

– Ouais, ouais c'est France... Tu la connais ?

– Ouais, je la connais, j'ai le plan, merci.

En fait, là je me protège. A ce moment-là, ils se disent que je dois déjà avoir un appart chez France, ce qui les conforte dans l'idée que je suis feuj. Parce qu'ils ne savent pas comment je m'appelle, ni même que je suis beur.

Même Nono ?

Ouais même Nono. Je ne lui ai pas dit que j'étais rebeu. Je leur ai dit que j'étais feuj, que je comprenais bien l'arabe et que je parlais hébreu. Une fois pour les embrouiller, je les ai même amenés dans un restaurant kasher rue du Faubourg Montmartre. J'avais une kippa sur la tête, une magen david autour du cou et j'ai parlé en hébreu. Richard Anconina dans *La Vérite si je mens*. Avant d'arriver, j'avais demandé au patron du resto de me faire passer pour son neveu. Alors que nous étions attablés avec Nono et son associé, il est venu :

– Passe voir tante Rachel ce soir.

– Pas de problème tonton, à ce soir.

Lorsqu'ils ont vu ça, ils n'avaient plus de doute : « le mec des camtars, il est feuj ».

Mais c'est tout ce qu'ils savaient. Ils aimeraient bien savoir avec qui je travaille mais je ne leur dis rien : je reste un mystère… parce que je me dis que demain ils peuvent gerber sur moi – pas me balancer parce que ces mecs ne le feront jamais – mais ils peuvent jacter avec d'autres voyous. Au moins, ils raconteront des conneries. Par exemple, je leur dis que j'ai une femme et deux enfants avec elle. Lorsque les flics auront un renseignement sur ma personne, ils seront intoxiqués. Enfin, ils ne savent pas non plus que je suis en cavale. Ils pensent que je suis super en règle et c'est très bien pour moi.

A part l'appart, ils t'ont donné d'autres marques de confiance ?

Je les ai amenés au braquage qu'ils ne connaissaient pas. Jusque-là ils faisaient les stups, des règlements de compte mais pas les braquages. Comme je les ai fait enquiller dans le transport de fonds, logiquement ils veulent me faire croquer dans leur business.

Nono m'a fait des propositions en or :

– Tu veux du zetla ? Tu veux trois cents kilos, quatre cents ?

Il me propose des super prix pour des centaines de kilos de shit. Je décline mais je connais un mec à Creil que ça peut brancher. Il a un billet de 350 000, 400 000 francs à mettre. Je lui propose d'investir avec eux. Il me donne l'argent et moi je leur file. Mais l'associé de Nono ne veut pas donner la marchandise, il veut me carotter. Pourquoi ? Parce que c'est un vrai truand des cités : il n'y a que son noyau dur qui compte... Pour lui, tous les autres, c'est des caves, des suceurs de bites, il faut leur baiser la gueule. Si on doit leur prendre un marché, on leur prend, si on doit les fumer, on les fume. La jalousie qui existe entre les mecs des quartiers est mortelle. Au départ, ils s'adorent et se caressent tous dans le sens du poil. Ils savent y faire pour te « gonfler ». Mais il suffit que tu brilles un peu pour que leurs complexes prennent le dessus. Et là, ça va très, très, très loin... Ils ont un sacré problème avec la réussite de « l'autre ». Ils deviennent des paquets de haine concentrés. Des psychopathes en puissance. Quand bien même tu es un brave mec, que tu n'es pas tordu, que t'es pas une balance et tout le tralala du bon délinquant, et bien dis-toi bien que s'il y a des jaloux autour de toi, ils vont te plumer, au mieux... Et te fumer au pire, en te prenant tout ce que tu as. Je ne te dis pas qu'il n'y a pas de mentalité mais cela serait plutôt « La mentalité, oui, mais quand ça les arrange ! ». Toi, demain tu as une embrouille de ce genre, tu t'engueules et Basta. Eux, c'est pas le même monde. Ils règlent ce genre de délire à la kalaschnikov. Les lascars de cités ne respectent qu'un seule loi, la leur : il y a continuellement un rapport de force qui existe entre eux. Ils ne se laissent pas marcher sur les pieds. Si par malheur quelqu'un les cherche, ils sont complètement imprévisibles et ils n'ont aucune limite. Regarde ce qui s'est passé au clos Saint Nazaire à Stains ou dans les cités de Grenoble… Mais Nono lui, s'est vraiment pris d'affection pour moi, même si pour lui, je suis un feuj. Comme quoi chez les voyous, pas de barrière de religion ni de race : il y a les braves mecs d'un côté et les enculés de l'autre. Et lui m'a classé tout de suite parmi les très braves. Il va donc voir son pote :

– T'es malade toi, rends lui l'argent, c'est un mec bien, ça se fait pas.

L'autre est surpris que Nono prenne mes patins, et il a un peu peur de lui aussi.

Du coup tout s'arrange et avec Nono les liens se resserrent.

Lors de nos discussions, de fil en aiguille, on parle des dernières évasions. Nono se confie :

– Tu sais le mec là dont tout le monde parle dans les journaux? Et bien c'est nous qui nous sommes occupés de lui…

J'étais en Israël quand le gars en question s'était évadé lors d'un transfert à l'hôpital de Corbeil. J'avais vu ça dans le journal. Un petit article puisque c'était un mec de cité…

Je ne le connaissais pas. A l'époque je pensais qu'il était portugais.

Nono m'apprend que c'est un rital. Et qu'il le planque, lui file un peu d'oseille et lui a fourni des papiers.

Le mec veut bosser, il veut me le présenter.

On le rencontre un jour dans un centre commercial. Un mec plutôt beau gosse ; petit mais bien bâti. Je découvrirai plus tard que c'est une tête brûlée, mais pour le moment je le sens posé et sérieux.

On discute un peu ensemble. Je lui demande s'il est intéressé par des bracos. Il me répond qu'il n'y a pas de problème.

On devient complice tout de suite. On parle le même langage : on veut faire des fourgons, pas de prison et gagner beaucoup d'argent. Il me connaît à travers les affaires. Le fait que ces affaires soient anonymes, et menées par un jeune de cité leur a fait plaisir. Ça renforce mon prestige. Ils ont l'habitude d'avoir affaire à des voyous traditionnels qui les regardent de haut. Et moi je suis partageur. Je leur fait profiter de mon expérience, de mes erreurs. En toute humilité. Tout comme eux d'ailleurs qui ne sont ni méprisants ni arrogants. Pour eux comme pour moi, c'était les meilleures rencontres qu'on pouvait faire.

Avec l'Italien, on décide de s'entraider et ça se passe très bien. Il m'arrive d'aller dormir dans sa planque et vice versa. Mais comme avec Nono, je ne me dévoile pas trop. Avec ces gens-là, il ne faut pas tout mélanger. Il ne faut pas qu'ils connaissent tes points de chute, ni qu'ils sachent qui tu es vraiment. Ils peuvent être amenés à jacter, et réciproquement d'ailleurs. Il faut même éviter de travailler avec eux si on peut, mais là je n'avais pas le choix. Leur savoir-faire est très enrichissant : leur logistique, leurs armes, leurs moyens en général sont très intéressants. Je les fédère dans le domaine du braquage de transport de fonds et eux apportent leurs moyens : fusils d'assaut, voitures volées, explosifs, lance-roquette…

Et vous avez fait quoi ensemble ?

On n'a rien fait.

C'est pas ce que l'on m'a dit…
Tu les aurais invités sur un braquage au camion bélier, à la *Heat*. Et effectivement en décembre 1998 un fourgon de la Brink's est pris pour cible dans l'Oise. Les braqueurs étaient cinq. C'était un jeudi soir à dix-huit heures non loin du péage de Senlis sur une nationale. En trois ou quatre minutes le fourgon était freiné par un véhicule puis percuté par un camion benne qui arrivait en sens inverse. Préjudice : quelques millions de francs. Pas de coup de feu, pas de blessés. Un travail de pro. Ce serait la première attaque de camion de l'Italien.

Je te signale que le S.R.P.J. de Lille est venu prélever mon A.D.N. pendant mon incarcération mais sans résultat…

Quinze jours après cette attaque, c'est la chute...

A ce moment-là, le S.R.P.J. de Lille me recherchait pour des histoires de banque, de dépôts de transport de fonds et de fourgons blindés commises dans la région de Creil et aux alentours. La B.R.B. me recherchait pour des histoires de fourgons blindés et de barrettes mémoires. J'avais aussi la section de recherche de la gendarmerie d'Amiens pour l'affaire de la bijouterie de Chantilly.

Je me suis fait arrêter le 28 décembre 1998 mais entretemps je m'étais évadé de Suisse.

Raconte...

Fin septembre 1998, je reviens d'un séjour en Israël. Comme d'habitude je passe par la Suisse. Je compte donc prendre l'avion entre Zurich et Genève. Mais, problème, ce jour-là, les lignes intérieures sont en grève. Je suis donc obligé de franchir la douane à Zurich, chose que je n'ai jamais faite auparavant. L'aéroport de Zurich est un aéroport international beaucoup plus surveillé que celui de Genève d'où je sors habituellement. Heureusement tout se passe bien.

Une fois sorti de l'aéroport, encore faut-il que je gagne Genève pour rentrer en France. Je me renseigne : on me conseille d'aller à la gare prendre un train pour la France via l'Allemagne dont la frontière est proche. J'ai beau avoir un mauvais pressentiment, j'opte pour cette solution. J'ai failli louper le train mais celui-ci part en retard, du coup j'arrive à monter dedans. Il n'y a plus de place en première classe, je suis en seconde. Le problème, c'est que je suis un peu trop bien sapé pour la seconde classe : c'est un train de « cas soces », il n'y a que des routards en sac à dos. Je m'installe, le train démarre et là, putain, descente de la police allemande à la recherche de clandestins.

La grève, le train que j'aurais dû rater, la descente de la douane : c'était pas mon jour ! J'aurais dû dès le début me mettre en mode parano, mais depuis le matin je marchais au ralenti parce que je revenais de vacances. À chaque fois que je reviens de vacances c'est pareil, c'est vraiment le moment le plus dangereux. C'est pour ça qu'il faut faire beaucoup de sport en vacances pour garder ses sens en éveil.

Bref, les flics prennent mon passeport. Ce putain de passeport, les douaniers américains l'avaient disséqué, en Angleterre, une condé l'avait regardé à la loupe, et dès que j'avais franchi le portique, trois mecs de Scotland Yard m'étaient tombés dessus et m'avaient bombardé de questions, mais ça l'avait fait. Avec ce passeport je suis allé en Afrique du Sud, en Algérie à l'époque du terrorisme, en Israël ou des mecs l'avaient ausculté dans un bureau. Je suis allé dans les pays les plus tatillons avec… et ce petit trou du cul avec sa casquette de douanier tique dessus et s'isole dans une cabine pour l'examiner. Il en ressort deux minutes plus tard :

– Il y a un problème avec votre passeport, il faut venir avec nous.

– Comment ça ?

J'ai beau jouer l'innocent, rien à faire, il me ramène dans

un autre wagon où sont rassemblés une dizaine de mecs : des Roumains, des Albanais, des kazakh je-ne-sais-quoi, tous avec des menottes.

– Vous n'allez pas me mettre avec ces gens-là ? Je vais me plaindre à l'ambassade !

Le douanier a l'air de douter. Je proteste, je ne me laisse pas faire. Très sûr de moi, mais tout de même diplomate, je refuse les menottes. Le mec, mon passeport à la main va en référer à son supérieur. Qui m'interroge et se rend compte que je parle parfaitement français. Et que je n'ai pas du tout la dégaine d'un clandestin. C'est ce qui m'a perdu d'ailleurs, au lieu de faire tout ce cirque j'aurais mieux fait de me faire passer pour un Kazakh ou un Mongol… j'aurais fini dans un centre de rétention d'où il était facile de me faire la belle.

Les types en concluent que je suis français mais que j'ai des faux papiers : c'est plus la même. Ils discutent entre eux en allemand et là j'entends « *mafiosi* » et « *terrorist* »… ils vont sûrement prendre mes empreintes et via Interpol… Ça va être chaud. Effectivement, ils me demandent de les suivre. Le train arrive en gare de Bâle. Je ne le sais pas, mais il a fait demi-tour pour retourner au poste de douane mixte germano-suisse.

Le douanier veut me mettre les menottes. Je proteste en anglais et je les menace de me plaindre à mon ambassade. Finalement ils me les passent, mais proposent de les couvrir avec un pardessus. Pour éviter de me taper la honte devant les passagers, ils me proposent également de les suivre librement jusqu'à l'arrière du train. Une fois qu'on y est le douanier fait une erreur monumentale. Je le convaincs de me laisser descendre en premier. Les menottes me gênant, je lui demande de me suivre pour me retenir en cas de chute. Je m'engage dans l'escalier avec beaucoup de prudence et d'un pas mal assuré. Une marche, deux marches… dès que je pose la Weston sur le quai, boum, je pars comme une balle.

Je cours de toutes mes forces. Mais les portes des wagons s'ouvrent, d'autres douaniers sortent. Je saute sur la voie et je cours sur les rails. Face à moi, un train arrive lentement. D'un bond, je me hisse sur le quai opposé. Ce train qui entre en gare va faire écran à mes poursuivants ! Mais je suis trop poissard : il y a trois autres flics sur le quai où je me suis réfugié. Des allemands.…ils me voient courir avec des menottes et évidemment, ils se mettent à me poursuivre. Je cavale comme un fou et j'arrive dans une impasse. En fait, c'est une voie qui surplombe de dix mètres un autre quai. J'enjambe la barrière mais je me la sens pas de sauter ! Il y a bien une poutrelle métallique qui passe deux mètres en dessous mais elle ne fait pas trente centimètres de large… Les douaniers se rapprochent. L'un d'eux, une véritable masse, fait au moins 1 m 90. Il me gueule un truc en allemand, qui vu l'intonation doit signifier : « t'es baisé ! ». Pas question de me rendre : toujours menotté, je me laisse tomber sur la poutrelle. Mes deux pieds tombent pile dessus : la chance a changé de camp. Je m'assieds sur mon perchoir, puis je me suspends par les bras, il ne me reste plus que six mètres jusqu'au sol. Je saute. La malchance revient : je pense me fouler la cheville. Une douleur incroyable. Je me suis niqué le talon.

Mais je reprends ma course en boitant. Au-dessus, les flics impuissants me gueulent d'arrêter. J'ai l'impression d'être dans *La Grande évasion*. A Tel-Aviv, pendant mes vacances, je l'avais regardé une dizaine de fois. Je m'étais même acheté la bande originale que j'écoutais en boucle… C'est à mon tour d'être menotté dans une gare avec des allemands derrière : un film…

Je tente de monter dans une voiture arrêtée au feu rouge, mais le mec démarre. Je me rabats sur un tramway. Je suis en nage, comme Jason Bourne dans *La Mémoire dans la Peau*… Deux passagers repèrent mes menottes, en bons citoyens suisses ils se dirigent vers le chauffeur. Je ne les calcule pas. J'attends que le tramway s'arrête en priant pour que le bâtard ouvre bien les portes. Oui ! Hop, je sors clopin clopant. Ils me regardent… Mais je suis tendu comme un arc. J'ai grandi à Barbès, j'ai traité avec les pick-pockets du XVIIIe arrondissement, j'ai volé à l'âge de six ans au Cora, j'ai cambriolé, j'ai braqué des banques, des bijouteries, des fourgons… ils vont pas me la faire, le vice c'est mon métier ! Je me planque dans une porte cochère en attendant que le tram reparte. Puis je vais un peu plus loin, jusqu'à la porte de service d'un hôtel. Je rentre, je prends un ascenseur et je monte au troisième. Les portes des chambres sont presque toutes ouvertes, la femme de service est en train de faire le ménage. Je rentre dans une chambre, je me cache sous le lit et j'attends.

Je ne bouge pas. J'ai super mal au pied et aussi aux poignets, à cause des menottes. Je reprends mon souffle. Au bout de trois heures, je me permets d'aller boire dans la salle de bains avant de me replanquer sous le lit. Quelques minutes plus tard, un type entre. Un employé de l'hôtel. La parano m'envahit quand il ressort : est-ce qu'il m'a vu ? Je décide de bouger. Mais avant de quitter la pièce, je cherche à savoir où je suis. Je n'en ai aucune idée. J'avise une sorte d'annuaire. En fait, c'était la plaquette des hôtels Mövenpick de Suisse : j'étais dans celui de Bâle mais j'arrache la page de celui de Lausanne. Et comme un con, je suis persuadé d'être à Lausanne.

Tu n'as pas remarqué que c'était écrit en Allemand et non en Français ?

J'en sais rien moi ! Je descends à la réception. Je suis toujours avec mes menottes cachées par le pardessus, et comme je suis bien habillé, tout se passe bien. J'ai remarqué que les cabines étaient à pièces. Je demande à la réceptionniste de la monnaie pour téléphoner. Je n'ai que des billets de cent dollars. Je réussis à en poser un sur le desk sans qu'elle remarque mes entraves. Mais lorsqu'elle me fait la monnaie, impossible de ramasser les pièces. Alors je fais mine de m'intéresser à une offre promotionnelle affichée derrière elle, je lui pose une ou deux questions en anglais et le temps qu'elle se retourne pour regarder l'affiche en question, je récupère vite fait mes pièces.

Je vais dans la cabine téléphonique et j'appelle un contact à Tel-Aviv.

– Frérot, il faut absolument que tu te mettes en relation avec le poto de Strasbourg.

– Qu'est-ce que je dois faire ?

– Dis-lui qu'il vienne me chercher, je suis dans la merde, un truc de fou…

Je lui explique la situation. Il se met à flipper et se reprend :

– Ok je le contacte.

Je gagne ensuite le toit terrasse de l'hôtel où se trouve la piscine. Dans la rue, des voitures de flics tournent à ma recherche. Une heure après je redescends à la cabine téléphonique pour rappeler mon contact. Il me donne un numéro de téléphone. Celui de l'ami.

– Viens tout de suite, je suis à Lausanne. À côté de l'hôtel Mövenpick, il y a un square, je me cacherai dedans…

Mon pote prend sa moto, passe par Mulhouse, juste à côté de Bâle et file cent cinquante kilomètres plus loin à Lausanne. Je reste planqué toute la nuit à côté de l'hôtel sans le voir évidemment. Heureusement que je ne suis pas resté à l'hôtel parce que les flics l'ont fouillé toute la nuit.

Le matin, en sortant du square, je me résous à demander où je suis à un passant…

– A Bâle !

Putain de merde… je repars dans la cabine prévenir mon pote.

– Euh, poto, je me suis trompé…

– Quoi ?

– Je suis pas à Lausanne, je suis à Bâle…

– Je viens de rentrer… j'arrive…

A ce moment-là je me retourne et devant la cabine il y a une vingtaine de flics…

– Laisse tomber frérot, c'est mort...

Il comprend que je me suis fait péter et raccroche.

Les flics me ramènent au commissariat de la gare de Bâle. En précisant qu'ils vont me remettre aux autorités allemandes puisqu'elles m'ont arrêté. Je me plains de la cheville et je leur demande une chaise roulante : je ne peux pas marcher ! Le grand flic de la veille me colle une énorme baffe... échange de regards. Il m'amène dans une cellule, une cellule de pouilleux, même en Algérie y en a pas des comme ça... *Midnight express.* Des Kurdes, des Albanais, que des clandestins...des mecs déprimés. Ils se sont ruinés pour venir et vont retourner dans leurs pays de merde. J'essaye de dormir.

Un inspecteur rentre, me gueule dessus et me fait signe de venir. Il m'attrape par les épaules et me ré-hurle dessus. Il flippe parce que je me suis évadé. Je tombe ensuite sur quatre inspecteurs dont l'un parle très bien français.

– Tu étais où en Israël ?

Bien sur, je mens.

– J'étais à Beersheva.

– Qu'est-ce que tu faisais là-bas ?

– J'étais chez des amis juifs de Paris.

– Pourquoi tu as un faux passeport ?

– Je suis un clandestin algérien.

Je donne le nom et la date de naissance de mon cousin du bled. Ils prennent mes empreintes.

– Tu es entré clandestinement en Allemagne, tu dois payer une amende de cinq cent dollars.

– OK.

– Maintenant on va te remettre aux autorités suisses.

Ils prennent ma déposition et remarquent ma blessure. Et là ils se transforment en Abbé Pierre… j'ai un hématome énorme ; je ne le sais pas encore mais j'ai le talon fissuré et le sang a coulé. Les flics allemands m'apportent à boire, à manger et me traitent avec plein de délicatesse. Ils m'appellent un médecin puis me remettent aux suisses.

Les autres sont à peine partis que l'un des suisses me claque la gueule en lâchant :

– C'est vraiment des cons ces allemands !

– Pourquoi ?

– Les menottes ça ne se met pas devant, mais toujours derrière.

Dans la foulée, ils m'amènent à l'hôpital. J'attends de passer une radio dans un fauteuil roulant. Un flic me propose à boire et lorsqu'il part au distributeur qui est à cinq mètres, je gamberge. Mais j'ai trop mal à la jambe pour détaler. Il faut que j'arrive à lui piquer son flingue. C'est un flingue à l'ancienne, il n'y a pas de dragonne qui le relie au holster, juste un clip.

En Israël, j'avais fait des séances de kravmaga avec mon pote artificier. L'essence du kravmaga, c'est la défense : désarmer l'adversaire. Le premier truc qu'on a appris c'est de dégainer le plus vite possible en armant. Je l'avais fait des dizaines de fois. Est-ce que j'aurais le temps de sortir le flingue du holster ?

Ce jour-là, il y a eu un accident de la route, les urgences sont débordées. Impossible de passer ma radio. Les flics décident de me ramener au placard en me disant que je reviendrai le lendemain. J'aurai donc une nouvelle chance. Ils m'amènent au pénitencier de Bâle. Pénitencier… je m'attends à trouver les Dalton à l'intérieur. Il y a même un commissariat de police dans la prison. Va t'évader de cette taule !

Une fois en cellule je retire mon pansement pour retarder la guérison de ma blessure. Je dois rester le plus longtemps possible à l'hôpital. Et puis, j'ai un flash. Je suis en train de faire une connerie. Il faut au contraire que je garde mon pansement, que je me soigne pour être dans la meilleure forme possible. Et que demain, je mime la douleur.

Le lendemain, je ne peux pas enfiler ma chaussure tellement mon pied a gonflé. Je la cache dans la poche de mon pardessus que je garde avec moi. Puis, pendant une demi-heure je m'entraine à désarmer le flic. J'ai dû le faire cent cinquante fois. Je me conditionne et la détermination revient. Je dois réussir ma fuite aujourd'hui avant que les flics français ne comparent mes empreintes et apprennent aux suisses que je risque quinze ans. Dès qu'ils le sauront je vais me retrouver à l'isolement alors que pour le moment seuls deux flics me surveillent.

Ce que je ne sais pas encore, c'est que mes empreintes sont déjà arrivées à la P.J. et que les enquêteurs ont fait des bonds de quatre mètres. Dès le matin ils ont pris la route.

Après une courte visite médicale à la prison, ils m'emmènent à l'hôpital. Mais là, truc incroyable, ils me donnent deux béquilles. Je repense au flic suisse de la veille : « Les menottes ça ne se met pas devant, ça se met derrière». Cette fois j'en ai carrément pas... Dans le fourgon cellulaire j'essaye de regarder la ville, histoire de me repérer si je me sauve. Une fois arrivé, deux flics m'escortent dans l'hôpital tandis qu'un troisième reste dans le fourgon cellulaire. Je marche difficilement mais j'en rajoute un max. Une médecin me reçoit dans un bureau. Elle est raciste, et de plus, n'aime pas les détenus. Elle refuse de me garder à l'hôpital malgré mes supplications. Je lui dis les larmes aux yeux que j'ai peur de la prison, bref je lui fais un cinéma pas possible. Rien à faire, je reviendrai dans quinze jours.

Pendant qu'un infirmier refait mon pansement, les flics attendent les papiers. L'un d'eux passe la tête dans la pièce pour me prévenir qu'on rentre à la prison. Dès qu'il s'est barré je pose ma jambe sur le sol et j'essaie de prendre appui. Ça marche, je n'ai pas mal. Je sors la Weston que j'avais planquée dans mon pardessus et je réussis à l'enfiler. Je lève les genoux, ça passe. Faut y aller. Il faut prendre le flingue. Je me motive. Je sors rejoindre mes deux flics. Je dois en occuper un. Je tends le dossier à celui de droite. On commence à se diriger tous les trois vers la sortie, moi au milieu. En marchant avec mes béquilles, ma main gauche frôle presque le flingue. Les deux flics ne calculent rien. C'est le moment, je compte: un, deux, mais à trois, j'ai peur. Des béquilles, deux flics, je ne sais pas où je suis, je suis en pleine improvisation, ce que je déteste. Et puis hier je les ai baladés quand même dans toute la ville. Je relève la tête et là, deuxième flash. Je vois le fourgon cellulaire. Je n'ai aucune envie de retourner en prison:

« Il faut que tu te casses. Maintenant». Sans réfléchir je lâche les béquilles et j'arrache le flingue du policier qui est à ma gauche. Je lui fais tellement rapidement que je me demande s'il a senti quelque chose. L'autre qui était légèrement devant avec les papiers n'a rien capté non plus. Ce qui les alerte, c'est le bruit des béquilles tombant par terre. Lucky Luke ! J'ai réussi à prendre le flingue avant que les béquilles ne touchent le sol.

Je me retourne vers l'autre flic et je lui balance un coup de coude...j'ai cru que je me l'étais cassé tellement j'ai tapé fort. Il n'est pas KO mais il tombe. Je le désarme. J'arme le Sig Sauer mais il y avait déjà une balle dans la chambre ! Je manque l'enrayer. L'autre flic se sauve, il est déjà au fourgon cellulaire en train de donner l'alarme. Je me tire de l'autre côté. Je trottine de plus en plus vite dans le couloir. Super. Je sors de l'hosto et je vois une camionnette garée en feux de détresse et un gars qui vraisemblablement cherche son chemin. La chance a définitivement changé de côté.

– *You're lost ?*

– *Ja...*

Tu vas voir si t'es perdu je vais t'aider à trouver ton chemin ! Je le fais monter au volant, je lui mets sa ceinture pour qu'il ne saute pas et je lui parle en anglais.

– *You see the gun ? I am dangerous...*

Il flippe et démarre. Une voiture de police fait marche arrière, deux mecs en sortent avec des gilets pare-balles. Ils prennent des fusils à pompe dans le coffre de la voiture marquée Polizei... et ils courent vers l'hôpital.

Frérot, tu as désarmé un flic, tu as un flingue, c'est la

deuxième fois que tu leur fais le coup en vingt-quatre heures… ne va surtout pas vers la frontière, vers Mulhouse…

– Autoroute !…

Mais le mec prend la route de la gare ! Là où les douaniers m'avaient serré… En fait, juste à côté, il y a l'autoroute. Sans péage. D'après un panneau je suis à quatre cents kilomètres de Genève. Je mets la pression au chauffeur.

– *Genève, Genève, quick and then you're free…*

Je lui demande s'il a une femme et des enfants, il me répond que non. Je lui demande où sont ses parents.

– Ils ne sont plus là.

Putain, j'attrape son portefeuille et dedans je trouve une photo, la photo d'un chien.

– *What's that ?*

– *Please, please don't touch my dog… please, please…*

Je lui fais comprendre que s'il fait le con, je vais lui massacrer son clebs. Son chien c'était comme son fils pour lui, son Pattaya… Un deuxième Nono le Barge, mais en règle…

On arrive à Genève. Je lâche le mec et le camion. Je vais dans une cabine téléphonique et j'appelle mon pote :

– Oh, c'est moi frérot…

Il croit que c'est un film. Je lui raconte que j'ai désarmé les decks après avoir passé une nuit en prison. Je lui dis que j'ai super mal au pied et que je suis à Genève. Enfin je lui donne rendez-vous au jardin du Parc des Eaux Vives, juste en face du lac Léman. On connaissait bien cet endroit car il y avait un restaurant où on allait souvent manger.

– J'y serai ce soir…

Je ne bouge pas du jardin jusqu'à son arrivée. J'étais

fracassé. Sauf que là, je n'avais pas de menottes mais un calibre. Il ne pouvait rien m'arriver. Quand tu as commis des dizaines de braquages, que tu connais bien les armes, c'est dingue l'assurance que te donne un calibre. C'est pas le fait de pouvoir tuer, c'est simplement d'avoir le flingue et de pouvoir maîtriser des gens, leur mettre la pression. Tu es dans ton élément.

Enfin, après quelques heures d'attente mon poto arrive en voiture. Il me récupère et plutôt que de reprendre la route immédiatement, on décide de prendre une chambre d'hôtel pour nous reposer.

Pendant qu'il discute à la réception, je l'attends dans la voiture. Inutile d'attirer l'attention. Pour le rejoindre dans la chambre du dernier étage qu'il a louée, je prends l'ascenseur au sous-sol. Une fois la porte fermée, on se la fait belle : superbe jacuzzi, petits fours, champagne et le reste de la carte.

Je suis tellement bien dans le jacuzzi que je n'ai pas la force de manger.

– C'est fou la vie…

– Pourquoi ?

– Il y a un peu plus de vingt-quatre heures, j'étais en taule, je partais pour pas mal d'années de placard, j'étais dans une merde internationale. J'ai pris mon destin en main et à peine un jour et demi plus tard, je suis posé là avec toi.

Le lendemain, on a passé la frontière en direction d'Annecy. Il n'y avait même pas un douanier au poste. Une fois à Annecy on a repris l'autoroute pour Paris.

Après cette évasion rocambolesque, tu es de retour en région parisienne. Tu ne te dis pas que la police est sur les dents et qu'elle va tout entreprendre pour t'attraper ?

Ce que je ne sais pas, c'est que j'ai plusieurs services sur le dos : B.R.B., O.C.R.B., Brigade de recherches de Gendarmerie… Notamment le S.R.P.J. de Lille qui se met sur toutes les pistes me concernant. Les decks de l'antenne P.J. de Lille à Creil sont les plus dangereux car ils travaillent quasi à plein temps sur mon compte. Ils sont très obstinés, ces enfoirés. Des flics possédés par la chasse aux bandits. J'évite la région de l'Oise pour ne pas créer l'effervescence dans leur service. Pour un braqueur, ces flics-là, c'est la peste ! Je me noie dans la faune parisienne.

Pour la P.J., cela faisait trois ans qu'elle me courait après, et ils m'avaient enfin pété. J'imagine leurs têtes lorsqu'ils sont arrivés en Suisse et que les mecs leur ont dit : « Bah, désolé, il n'est plus là… ». Plus tard, après mon arrestation, la B.R.B., la P.J., la gendarmerie, tous me diront :

– Putain, en Suisse t'as fait fort !

Tout juste s'ils n'en avaient plus rien à foutre des fourgons, des banques, et de tout le reste. A chaque fois, je contestais :

– Vous êtes fous : c'est pas moi…

Je niais tout en bloc. Un jour, un condé de la B.R.B. me dit :

– Les suisses aimeraient bien récupérer leur Sig Sauer, tu sais pas où tu l'as mis ?

– Si, je l'ai jeté dans un lac…

Et il commence à remplir un procès-verbal.

– T'es sérieux là ? Je t'écoute

– C'est des conneries…

Et il déchire la feuille du procès verbal en me disant que mes conneries allaient encore coûter de l'argent aux contribuables.

Si je lui disais combien m'a coûté ma cavale !

Une fois à Paris, qu'est-ce que tu fais ?

A Paris, je me soigne. Je vais dans une pharmacie orthopédique m'acheter des talonnettes spéciales pour mon pied. Et je revois le médecin qui avait soigné ma blessure par balle. Il s'occupe de moi, tout se passe bien.

L'O.C.R.B. me consacre des réunions entières. C'est le juge qui me l'apprendra :

– Vous n'étiez pas l'ennemi public numéro un, mais la personne la plus recherchée à Paris et en Ile-de-France.

C'est tellement vrai que des gros voyous entendent parler de moi en garde à vue. Les flics leur demandent s'ils connaissent un mec surnommé Doc, de son vrai nom Rédoine Faïd, blessé à Villepinte. Les gros voyous font passer le message que je dois être un chaudard parce que toute la B.R.B. est sur moi.

Finalement comment vont-ils te remonter ?

Lors de mon arrestation en Suisse, j'avais sur moi un billet d'avion acheté dans une agence de voyage parisienne du quartier du faubourg Montmartre. La B.R.B. la localise grâce au travail de fourmi du S.R.P.J. de Lille à Creil et suggère à l'employée de leur signaler ma présence. Effectivement quelques temps plus tard, une amie commande des billets pour moi. Le matin du 28 décembre, je passe les récupérer en Twingo avec l'Italien et l'assoce de Nono. J'ai le réflexe de leur demander de me déposer trois cents mètres avant l'agence. Pour éviter que nous soyons aperçus ensemble. L'Italien est lui aussi en cavale.

C'est un soir d'hiver, il fait noir, et il y a beaucoup de passants dans la rue. Les flics qui me guettent depuis quelques jours m'ont vu entrer, mais ils ne sont pas sûrs que ce soit moi. Après quelques minutes je sors, et comme la copine qui doit me récupérer en voiture n'est pas encore arrivée, je fais des courses dans la rue. Je rentre dans une parfumerie située en face de la boîte le Palace, ce qui permet aux condés de m'identifier à coup sûr.

Des flics piétons ont dû me reconnaître à travers la vitrine. Les flics du groupe vol à main armée de la B.R.B. qui me cherchent depuis trois ans me voient pour la première fois. Ils doivent penser que s'ils ne m'attrapent pas maintenant, ils ne me verront plus pendant dix ans. Mon amie arrive, je ne les calcule pas et sors rejoindre la voiture. A peine suis-je monté qu'une Laguna se place devant, qu'une Safrane nous bloque à l'arrière, et qu'une Golf se range sur le côté. Sans compter les piétons !

De la Laguna qui fait marche arrière dans notre direction jaillit un flic. Il sort de la bagnole avec un flingue à barillet… un pépé de la P.J. des années 60. Mais il a des couilles. Il fonce vers moi, prêt à m'interpeller. Lui et ses collègues ne savent pas si je suis armé, ils flippent.

« Interpellation avec usage de la force strictement nécessaire pour un individu dangereux… », tu parles, je me suis fait défoncer la gueule. Même avec les menottes par terre, je me prenais des coups dans la figure, j'étais ruiné. Tu n'as pas affaire à Navarro ni à Julie Lescaut… Ce ne sont pas des flics psychologues qui jouent la proximité avec leur client… C'est plutôt « fils de pute, enculé, sale bâtard ».

Je reste silencieux. Il y en a un derrière moi avec un flingue énorme et qui ressemble à Nick Nolte :

– Ah t'es pas armé ? C'est dommage j'aurais bien aimé te fumer…

Je monte dans la Laguna. Le chauffeur est un jeune qui a visiblement beaucoup travaillé sur moi. Il conduit, le flingue à la main et me balance :

– Rédoine, je te jure, si tu bouges une oreille, je te mets une balle dans la tête…

L'autre flic me pointe son calibre sur la tête. On roule à fond dans Paris. Je flippe que par accident le coup parte. Je les sens énormément sous pression. Ils ont dû se faire des films énormes sur mon compte. Le coup de la Suisse, ça les a traumatisés. Ils me pensent vraiment très dangereux.

Arrivés à la B.R.B., ils me font monter les escaliers en tourniquet. Je les sens toujours très en panique. D'habitude ils te font descendre pour faire les photos. Là, le mec de l'identité judiciaire vient jusque dans ma cellule. On me demande si je veux voir un médecin. Je refuse.

– Tu veux pas voir un toubib ni porter plainte pour les gnons que tu as pris ?

– Non, ça va bien.

Les gars sont surpris :

– Putain, le mec veut pas voir le médecin.

La garde à vue commence. Ils m'ont préparé un procès-verbal sur lequel figurent des noms de gros voyous du 93. L'un des flics, qui était notamment sur l'affaire des Postiches, ne supporte pas les mecs de banlieue. Pour des flics comme lui, le beau voyou ne peut être que gaulois : un marseillais ou un corse. Mais certainement pas un petit arabe de quartier. Ils imaginent donc que je suis un troisième couteau qu'au-dessus de moi il y a des gens sérieux. Notamment des gens qu'ils ont interpellés après leurs vantardises. Quatre ou cinq mecs du 93 qui avaient fait une affaire moins brillante que les nôtres racontaient à droite à gauche qu'ils l'avaient tapée avec nous. Bref, ils « s'habillaient » avec les affaires des autres. Résultat, ils se sont retrouvés au placard...

Les condés qui ont tout de même un doute me font glisser le P.V. avec les noms de ces mecs. Je ne regarde même pas le procès-verbal : je ne signe rien et je ne parle pas. Ils me déshabillent pour la fouille à corps et me laissent à poil devant l'amie qui s'est fait arrêter avec moi. Petite volonté d'humiliation, à croire que c'est le père du flic ou sa mère que j'ai volés. Ils en font une question personnelle. Le mec qui m'avait menacé lors de l'interpellation passe à côté de moi alors que je suis menotté, tout nu, et allongé par terre, et me met un énorme coup de lattes dans le dos.

– Excuse moi je ne t'avais pas vu…

Qu'est-ce que c'est que ce taré ?

Un autre flic me montre une photo de moi :

– Je vais pouvoir retirer cette photo de mon bureau… marre de la voir depuis trois ans.

Ils me remettent en cellule, et là un vieux patron de la P.J. qui fume la pipe et doit avoir une petite soixantaine s'adresse à moi :

– Faïd, tu ne me connais pas, mais moi je te connais…

Je reste silencieux.

– Trois ans, cela suffit, il fallait que ça s'arrête. Tu vois on t'a eu. Je voulais te voir dans les yeux.

Et il se barre.

Trois heures après, un autre groupe de la B.R.B. arrive. Ils m'attendaient à l'aéroport. Ils me sortent de la cellule.

– Champagne ! On va faire la photo de groupe avec toi !

Ils ne l'ont jamais fait leur photo de groupe. Je les sentais super contents mais j'avais envie de leur dire de redescendre sur terre : je n'ai tué personne, je n'ai pas de sang sur les mains, je ne suis pas Mesrine.

L'un d'eux me ramène accompagné de deux gardiens. Toujours menotté comme tout le temps où je suis resté à la B.R.B.

– T'es pas un bavard toi.

Je ne lui réponds même pas. Ils comprennent que je ne vais rien leur dire. Je ne parlerai pas, je sais que je vais au placard. Je suis déjà en train de me demander dans quelle prison je vais me retrouver. Je ne peux pas aller à Fresnes, mon frère y est déjà. Mais c'est là que je vais atterrir : c'est une prison dure et ils y ont leurs tontons et leurs indics. Mais je connais leur cinéma, un ancien m'a affranchi.

En attendant mon départ, ils critiquent aussi mon avocat, un grand pénaliste.

– Avec ses grands airs, il va pouvoir venir hein ?

Ce doit être un bon s'ils ne l'aiment pas, c'est qu'il a dû faire libérer des gens.

Ils m'interrogent une seconde fois. Idem. Le flic me tend un procès-verbal en me demandant si je connais untel ou untel. Je ne regarde même pas et je ne connais pas.

Celui qui m'a donné un coup de latte, Nick Nolte, tape sur son ordinateur. Il s'adresse à moi, je ne le calcule même pas. Nick Nolte transpire le mépris vis-à-vis des voyous. Je me demandais pourquoi ce flic était si agressif avec moi, si violent, si vindicatif. A force de patauger dans les marécages de la voyoucratie, les flics ont une forme de dégoût.

Bon, je ne vais pas le défendre mais c'est vrai que, plus tard, lorsque je serai en prison, je me rendrai compte que le Milieu est vraiment pourri. Ces mecs couchent avec les femmes de leurs potes lorsqu'ils sont en prison – potes qu'ils n'assistent d'ailleurs pas durant leur incarcération. Ce sont des mecs qui ne sont pas réglos dans les partages, des psychopathes qui sont capables de te les filer pour un oui ou pour un non. On peut admirer certains voyous qui ont la Mentale, mais ils sont très rares. Des mecs qui tiennent la route, on ne va pas se raconter de conneries, il y en a très peu. Les beaux mecs, qui réceptionnent leurs potes à la sortie de prison avec une enveloppe et qui ont assumé leurs parents, leur femme, leurs enfants, c'est rare. La plupart du temps les voyous qui s'en sortent bien en taule c'est avec leurs propres deniers.

Donc Nick Nolte, à force de voir ça, à force d'interpeller des mecs qui font les fiers à cinq ou six, et qui s'avèrent être des peureux quand ils sont tout seuls, il doit être dégoûté. Ensuite ils ont accès aux rapports effectués dans les prisons et ils savent que tel ou tel mec ne se comporte pas comme un homme au placard. Il pleure, il harcèle sa femme pour qu'elle vienne le voir au parloir, pour qu'elle lui donne du shit… Il se dit que ces mecs sont des grosses merdes et il n'a pas complètement tort.

Ce mec ne devait pas être comme ça avant. J'imagine qu'il avait un certain idéal : le grand banditisme, les beaux voyous, de grosses affaires…etc…

En plus ces flics ne peuvent pas avoir de vie de famille, ils ont deux ou trois divorces dans la gueule, il ne doivent même pas connaître leurs gosses, ils sont rongés par le boulot, mais tu sens malgré tout que ce sont des mecs passionnés. Mais bon, ça ne me les rend pas plus sympathiques pour autant.

Mais ce jour-là ce qui leur met les glandes, c'est d'avoir affaire à un algérien de vingt-cinq ans plutôt qu'à un bon limougeaud… ils ne supportent pas les bougnoules qui tiennent la route et qui ferment leur gueule. En plus ils ne comprennent pas qu'un rebeu de cité comme moi parte à Tel-Aviv via Genève avec un passeport super bien fait.

Evidemment, ils n'imaginent pas qu'on puisse s'être organisé aussi professionnellement... Ils me prennent vraiment pour un novice. Dans la voiture qui me conduit au tribunal de Créteil, Nick Nolte me parle du beur du 93. Ils ont failli le péter il y a trois semaines mais il a réussi à se sauver en voiture.

– Il roule vite hein ?

– Je ne sais pas de qui vous me parlez.

J'ai tout de suite compris qu'il avait un magnétophone dissimulé. Là encore, des anciens m'ont affranchi : lors des gardes à vue, et en particulier pendant les transferts en voiture, ils ont toujours un magnétophone dont les enregistrements seront transmis au magistrat instructeur.

C'est ainsi que Nick Nolte essaye de détendre l'atmosphère dans la voiture, sachant qu'il m'a traité comme le roi des enculés pendant toute la gardave... Pourquoi pas aller boire un verre tant qu'on y est ? Evidemment, je ne décroche pas un mot.

C. lui est plus malin, il m'interroge :

– Comment ça se fait que tu te sois mis aux fourgons blindés ? C'est quoi la passerelle ?

En pensée, je me dis... trou du cul, je me suis fait tout seul ! Il n'imagine toujours pas qu'un beur de cité n'ait besoin de personne.

Et le troisième, de dépit :

– Tu sais, quand on joue, il faut savoir perdre.

– ...

– Et toi tu ne sais pas perdre puisque tu ne donnes pas d'aveux...

– Pour toi c'est peut-être un jeu, pas pour moi.

Silence.

– Puisque c'est ça, tu sais que tu vas finir en prison ?

– Ouais, je vais faire six ou sept ans et après ?

Il n'avait pas prévu cette réponse. Il me jette rageusement :

– Ah ouais et bien je peux te dire que ces années tu vas les faire dans la douleur…

Beau joueur ont-ils dit ?

La suite du programme ?

La présentation au magistrat. Mais au Tribunal de Créteil, lorsqu'on me sépare des autres prévenus, je comprends que je ne suis pas un détenu comme les autres. Ensuite, dans le fourgon cellulaire qui m'emmène en prison, les gendarmes me font entrer à part. Arrivés à Fresnes, ils font descendre tout le monde, sauf moi qui sors le dernier escorté par dix gendarmes qui me remettent à la dizaine de matons qui m'attend dans la cour de Fresnes. Je pensais que c'était la relève… C'est vrai que j'ai eu droit à deux pages dans *Le Parisien*, un article dans *Libération*… A leurs yeux je suis un gros gibier. Les articles de journaux sont sortis deux jours après mon arrestation. En attendant, les flics de la B.R.B. ont dû se mettre en planque sur un ou deux points de chute en espérant que mes complices viendraient aux nouvelles. Ils ont aussi suivi l'amie arrêtée avec moi à sa sortie de garde à vue. Malheureusement pour eux, elle aussi était affranchie. Elle n'avait strictement rien à voir avec mes affaires mais connaissait la conduite à tenir en cas de problème : elle ne devait aller voir personne et ne pas rentrer dans une cabine téléphonique.

Les matons m'emmènent en quartier d'isolement, en deuxième division.

C'est la première fois que tu vas en prison ?

C'est la première fois. Le choc émotionnel est immense. Tu n'as pas une peur terrible, parce que tu sais que tu ne vas pas mourir, mais tu as une énorme appréhension. Tu découvres quelque chose qui te fait horreur. Tu sais que tu vas finir dans une cellule et surtout que ce sera pour des années. Dans la mienne, je suis seul, car D.P.S. Après avoir posé mon paquetage mon premier réflexe est de regarder si je peux voir l'extérieur… Je vois que dalle à cause des grillages. Plus tard j'apprendrai qu'il faut briser un miroir et fixer le bout cassé avec du scotch sur une brosse à dents pour regarder ce qui se passe par la fenêtre. En attendant je m'endors. J'imagine comme tous les mecs qui sortent de garde à vue et qui savent qu'ils partent pour une longue peine.

La deuxième division où ils m'ont placé, c'est l'isolement déguisé : c'est pire que l'isolement, parce que tu es isolé mais considéré en détention normale… en conséquence tu ne peux rien dire. A l'isolement, tu passes devant une commission où tu peux réclamer ta sortie. Là, non puisque tu es au régime normal !

Je commence à gamberger. Comment me suis-je fait

attraper ? Qui m'a balancé ? Est-ce qu'ils ont vraiment libéré mon amie ? Ont-ils attrapé l'Italien qui m'accompagnait en voiture ? J'attends l'avocat avec impatience.

Finalement je décide d'aller en promenade. Pour moi, c'est un nouveau monde, je débarque sur une autre planète. La cellule s'ouvre, je sors, je suis tout seul. J'entends un peu de bruit dans le couloir, les surveillants qui parlent, des bruits de clés.

À Fresnes, qui est réputée pour sa discipline, tout est basé sur le « mytho » : il faut te conditionner psychologiquement. Quand ils viennent ouvrir la porte, il y a deux Vachette à l'ancienne, ils les ouvrent brutalement : clac, clac :

– FAID, promenade !

Autorité, discipline. Mais en fait les surveillants ont énormément peur de toi.

Dans les cellules de la deuxième division il y a une double fermeture : il y a d'abord une porte puis à l'intérieur un sas grillagé. A la longue c'est usant psychologiquement. Tu as clairement l'impression d'être dans une cage, alors que les détenus des autres divisions n'ont que la porte.

La promenade se déroule dans une cour camembert avec un grillage sur la tête. La courette est dégueulasse, il y a des crottes de rat partout – j'en vois un passer de la taille d'un chat – et il fait froid. Un surveillant me surplombe dans une guérite, mais il n'a pas vraiment envie de parler.

– C'est ça la promenade ? Il n'y a pas d'autres détenus ?

– Ici tu es tout seul, tu es D.P.S.

Je suis en jean, blouson de cuir, chemise et mocassin.

Je n'ai pas encore l'attirail de la prison, le survêtement… le samedi matin je reçois un sac de linge de ma famille et je me change.

L'après-midi, il y a une deuxième promenade. Cette fois j'ai de la compagnie. C'est un fou comme il y en a plein en taule. Les surveillants n'arrivant pas à les gérer, ils les mettent à l'isolement. Evidemment ça les détruit encore plus et ils deviennent encore plus violents. Et ils se retrouvent avec des peines supplémentaires pour s'en être pris aux surveillants ou à d'autres détenus. C'est comme ça que des mecs ont plus de dix ans à faire alors qu'ils sont arrivés pour deux ou trois.

Le type entre dans la cour de promenade et se dirige vers moi :

– T'es là pour la pointe [1] ?

– Non mec, pas du tout.

– Tu sais, moi je ne suis pas normal.

– Ok…

J'essaie de ne pas le calculer. Le mec revient :

– Les surveillants, c'est tous des enculés, je veux en fumer un. Tu veux bloquer la promenade avec moi ?

– Mais tu veux la bloquer comment ? Y a rien pour faire une barricade ici…

– Mais non, bloquer… refuser de rentrer en cellule quoi !

Moi, je m'en bats les couilles, je suis d'accord avec lui :

– Ok, on reste dans la cour.

1. Délit ou crime sexuel.

Le mec ouvre sa bouche et retourne sa langue. Il planque une lame de rasoir :

– Si ça dégénère, moi je tue tout le monde.

Il fait 1 m 90, c'est une bête…Je me demande comment je vais faire s'il décide de m'agresser. Si ce débile se jette sur moi, en deux secondes il m'égorge. Tuer un détenu, ça peut rentrer dans ses plans pour être transféré…

Le mec revient vers moi :

– Laisse tomber le blocage, je vais aller voir le directeur et lui faire un blocage directement dans son bureau.

– … Ok, ok, fais ça mec.

Quand la porte s'ouvre enfin et qu'il sort, j'éprouve un sacré soulagement.

Première expérience carcérale.

Tu n'appréhendais pas le lendemain ?

Le lendemain matin, je ne me débine pas, je vais en promenade parce que j'ai besoin d'air. C'est essentiel pour un détenu : il faut sortir pour respirer, s'aérer. Il faut aussi marcher parce que tu as une mobilité réduite dans la cellule.

Bien m'en a pris, parce que l'autre dingue est parti et un autre gars est arrivé. Mais un gars d'un tout autre calibre. Il s'appelle Nordine T.

C'est un braqueur de banque d'une quarantaine d'années qui s'est évadé de Valence en faisant rentrer deux flingues avec lesquels il a pris en otage les surveillants. Il est allé chercher sa femme incarcérée à côté, puis il a récupéré une voiture et a réussi à se sauver. Avant d'être finalement repris. Nordine connaît pas mal de mecs de la banlieue sud et de gros voyous marseillais. Il se méfie énormément de moi dont il n'a jamais entendu parler. L'attitude des voyous des années 80, ne faisant confiance à personne et ne parlant à personne. Si ton papelard est connu, si on sait avec qui tu as travaillé, ok ; sinon on ne te calcule pas. Dans les années 80 la maison d'arrêt de Fresnes appartenait à ces détenus issus de la banlieue sud : Riton, Lepage, Emile Dieudonné, Didier Cadet, Francis Schmidt…

Une époque révolue : les cours de promenade des D.P.S. ne sont plus remplies de gros voyous. Aujourd'hui il y a des jeunes, des dingues, beaucoup de balances et quelques rares truands.

Nordine fait partie de ces voyous à l'ancienne, qui repèrent tout de suite la graine : ils ont une manière très particulière de te regarder. Il ne me demande pas pourquoi je suis là. Il me demande si j'ai besoin de quelque chose.

– Merci, je n'ai besoin de rien.

Ce qui ne l'empêche pas de m'envoyer un sac de cantine puisqu'il sait que je suis tombé la veille. Je commence à bien le sentir. Le lendemain je sors en survêtement mais j'ai des chaussures de ville et je ne peux pas faire de sport. Il me fait passer une paire de Nike, mais trop petites. Ensuite il m'envoie une paire de claquettes pour aller sous la douche. Petit à petit il repère que je suis un bon gars. Il se rend compte que pour un primaire, je supporte bien la détention. Il repère vite aussi que je perçois l'autorité comme un ennemi et ça lui plait. Comme je suis assez volubile, je le fais marrer. Le soir il m'appelle par la fenêtre, on discute. Et à vingt heures il me lâche pour regarder les infos.

Il prend en charge mon éducation carcérale, comme un grand frère :

– Le ménage, tu le fais, mais vite fait. Ta cellule doit être propre, mais n'oublie pas que tu n'y habites pas : ce n'est pas chez toi ici. Je suis là depuis dix ans, et mon esprit est toujours tourné vers l'extérieur.

Et encore :

– Le maton qui te dit bonjour, tu lui fais juste un signe de tête mais tu ne lui réponds pas. S'il te demande si ça va, tu ne le salues plus jamais. Et sors tout le temps en promenade…

Une fois que j'ai récupéré une paire de baskets, on fait du sport ensemble. Nordine, c'est un putain d'athlète. Une statue grecque. D'ailleurs je l'appelle le ninja et lui me surnomme le petit samouraï.

On joue au « squash » en tapant une balle contre le mur avec la main. J'ai besoin de me dépenser mais comme je suis D.P.S., je n'ai pas accès aux terrains de sport. Nordine m'affranchit :

– Si tu fais une demande pour aller à la muscu ou au terrain de sport, il te faudra deux ou trois mois pour avoir l'autorisation. Entre-temps, tu auras déjà changé de cellule.

Au fil des jours, on sympathise. J'apprends qu'il est braqueur, qu'il lui reste dix ans à faire et je lui raconte que je suis là pour les fourgons blindés, les banques et les bijouteries. Il m'apprécie encore plus.

Un matin, un autre gars arrive dans « notre » cour. On trouve bizarre que ce mec qui était jusque-là en face se retrouve subitement avec nous. En plus on apprend qu'il a le même juge d'instruction que moi à Bobigny pour le fourgon blindé. C'est un mec de quarante cinq balais qui a passé la moitié de sa vie au placard. Il se la fait mal et se plaint tout le temps. Nordine connaît bien son équipe et me conseille de l'éviter. Dès que le mec descend avec nous en promenade, on ne parle plus. C'est d'ailleurs la magie des gangsters : un regard de deux secondes et j'ai compris qu'il ne fallait pas « causer » devant ce mec-là.

De toute façon, Nordine me prévient : les voyous sont presque tous des enculés.

Un jour le maton annonce :

– Faïd, contrôle parloir police…

J'appelle Nordine :

– Nordine, contrôle parloir police, c'est quoi ça ?

– Putain là, tu pars en garde à vue direct…

– Fais prévenir l'avocat et tout le monde si je reviens pas…

– OK.

Le parloir police, c'est un flic de la D.R.P.J. de Versailles qui enquête sur un braquage de barrettes mémoires. Dans les semaines qui suivent j'aurai également la visite des flics du S.R.P.J. de Lille qui veulent prendre mes empreintes A.D.N. et les rapprocher de celles prélevées lors d'un braquage dans l'Oise : ils sont persuadés que c'est moi.

Au retour, Nordine m'explique que j'aurais dû systématiquement refuser les contrôles parloirs police puisque de toute façon je n'ai rien à dire, que je ne dirai rien et que je refuse de signer leur procès-verbal.

Raconte un peu « ton placard ».

Au bout de six mois, je n'ai toujours pas eu de parloir avec ma famille. J'écris à ma sœur, à mon père, je ne comprends pas qu'il n'y ait pas de visite. Mon avocat se renseigne. Il découvre que c'est une magistrate de Senlis qui a fait de mon cas une affaire personnelle et qui bloque mes parloirs. Je ne comprends pas un tel acharnement. Dans les dossiers qu'elle instruit, il n'y a aucune violence. Ce ne sont pas des affaires crapuleuses, et certes je ne lui demande pas de m'admirer, mais je ne comprends pas pourquoi elle fait une fixette sur moi. Mes trois ans de cavale ont dû l'énerver, elle a dû croire que je les narguais. Ce n'est pas du tout le cas. Mais en attendant, il faut que je souffre, il faut qu'il y ait un vrai châtiment.

J'ai d'autres juges d'instruction qui sont beaucoup plus corrects. L'un d'eux a dans son bureau une affiche des *Tontons Flingueurs* et un képi de gendarme, qui devait appartenir à son père. En discutant avec lui, on a l'impression de parler avec Michel Audiard. Il ne raisonne pas du tout comme les policiers. Ce n'est pas parce que tu es un jeune beur qu'il doute que tu sois un professionnel : il comprend qu'il n'y a aucun gros voyou derrière moi et que je suis une sorte d'autodidacte. Tout simplement parce que si j'avais été avec les gros voyous, les flics auraient évidemment entendu parler de moi. Il essaie de comprendre comment j'ai pu me faire tout seul. Il me parle de sport, beaucoup de cinéma. J'apprendrai que son surnom, c'est l'Artiste. Les autres détenus me préviendront que c'est un gros malin.

Je ne lui parle pas, il monologue :
– Tu verras, dans un an et demi tu changeras d'avis.

Un an et demi après je ne dis toujours rien. Alors il fait semblant de péter un câble. Il fait sortir la greffière et :
– Rédoine, il y a ton A.D.N. Tu es dans l'affaire. C'est toi la clé de l'énigme. La greffière n'est pas là, dis-le moi, c'est entre nous. Le braquage était parfait, qu'est-ce qui a mal tourné ?
– Je ne vois pas de quoi vous voulez parler monsieur…
Il se recule d'un coup dans son fauteuil.
– Bonhomme, ça fait neuf ans et demi que je fais ce boulot, tu es l'un des plus coriaces.
Je réalise que finalement la plupart des gens parlent…
A chaque fois que je le voyais, il me serrait la main et arborait un sourire semi-complice. On s'est toujours respecté. Il n'avait sans doute pas d'estime pour moi, mais il était correct. Bref, avec tous les magistrats que je rencontrerai cela se passera bien sauf avec la juge de Senlis.
Elle m'a laissé galérer un an sans parloir. Heureusement, j'ai Paul et Edith, des visiteurs de prison qui ont un cœur immense.
Pendant ce temps-là, ma sœur a eu un accident de voiture : elle s'en est difficilement sortie ; ma nièce de trois ans et mon beau-frère sont morts, le plus jeune de mes neveux est dans le coma. Mais ce n'est pas pour ça que j'ai eu un parloir : sans pitié… Bon je ne me plains pas, c'est normal j'imagine. Une tentative de torture psychologique ?
Ma situation change au bout de deux ans. La juge est mutée et le dossier de Senlis fermé. Je suis renvoyé à Beau-

vais. La nouvelle juge est beaucoup plus humaine : elle organise un rapprochement familial à la maison d'arrêt de Villepinte et je peux enfin voir ma sœur. Je suis plus prés de ma famille.

Entre temps, au bout de vingt mois de Fresnes, j'ai été transféré à l'isolement à Fleury-Mérogis selon la rotation sécuritaire pour les D.P.S. L'administration pénitentiaire me soupçonnait de vouloir m'évader.

C'est la P.J. qui les aurait prévenus.

Je te raconte la thèse de la Police ?

Je t'écoute.

Un rapport de P.J. – plus précisément de la Brigade de répression du banditisme de Paris – laisserait penser que tu comptais t'évader du quartier disciplinaire de la maison d'arrêt de Fresnes avec l'aide d'explosifs en octobre 2000. Exactement comme s'évadera Antonio Ferrara de cette même prison en 2003 avec le retentissement qui a suivi cette « belle » spectaculaire que l'on connait. Alors dans ce rapport, il est précisé que tu es en lien direct avec ce même Ferrara mais aussi avec un certain Cohen. Que l'Italien et l'Israélien se seraient rencontrés à plusieurs reprises à Paris et se seraient entendus sur une livraison de fusils d'assauts, de lance-roquette RPG7 et d'explosifs de type C4 « en vue de faire évader un certain Rédoine

Faïd, dit Le Docteur», et emprisonné au QHS de Fresnes. L'Israélien aurait apporté sa connaissance technique et tactique pour l'opération. Ce Cohen vivrait en Israël à Tel-Aviv. Il serait un ancien artificier pour une prestigieuse unité d'élite de Tsahal. Le rapport de la B.R.B. stipule que ce Cohen est même devenu officier-instructeur chez les démineurs. Ça te parle ?

Antonio Ferrara ? Comme tout le monde, j'ai entendu parler de ce type. Il se dit que c'est un mec sympathique et très réglo. Courageux en même temps ! Mais je ne l'ai jamais rencontré. Pour l'autre gars, lui, je le connais bien. Je ne peux pas le nier. C'est un grand ami mais je ne lui connais aucune activité louche. Ta question me laisse de glace.

Alors je continue. D'après les enquêteurs de la B.R.B., Cohen et Ferrara devaient t'extraire du QHS de Fresnes. Mais une indiscrétion a fait capoter ce projet d'évasion au dernier moment. Ce qui a entraîné ton transfert en urgence vers le QHS de Fleury-Mérogis. Sur commission rogatoire internationale, deux commandants de la B.R.B. sont partis à Tel-Aviv afin d'interroger Cohen via Interpol. Ils le soupçonnaient d'être l'artificier de l'équipe des braqueurs de fourgons blindés dont tu aurais été le cerveau. Ce qui est étonnant, c'est que malgré la tentative déjouée, Antonio Ferrara s'échappera du mitard de Fresnes selon le même procédé.

Si Ferrara s'évade de la prison de Fresnes, il le doit avant tout aux gars qui sont venus le chercher. Cela prouve que c'est un mec réglo car il faut en vouloir pour venir « arracher » un type de cette manière. Concernant les pseudo-projets de tentative d'évasions, il n'a jamais été prouvé que j'aie voulu m'évader. A ce que je sache, je n'ai jamais tenté, ni même scié un barreau.

Ensuite, tu arrives à Villepinte. Comment ça se passe ?

A Villepinte, je suis en détention normale, avec des jeunes de cités. Ils ont des portables, les chaînes câblées, des ballons de foot, les meilleures cantines des prisons parisiennes, les plats hallal et les frigos dans les cellules. Les surveillants sont tout petits avec eux. Ils règnent en maîtres absolus dans la prison. C'est un autre monde, un autre pays.

Lorsque j'arrive, le surveillant est super accueillant. Il appelle immédiatement le service social parce qu'ils ont oublié mon permis de visite. Il me propose d'appeler ma famille aussi. Un mec très correct. Moi qui étais réfractaire, qui ne calculais pas la pénitentiaire, j'ai une autre relation avec les matons. C'est peut être une stratégie de leur part, mais c'est mieux pour toi. Ils ne veulent pas de bordel et ça se passe très bien dans cette prison.

Bien sûr il y a quand même des bagarres, quelques heurts, mais c'est beaucoup plus vivant qu'à Fresnes. Le gardien me propose d'aller à la salle d'activité : moi dès que la porte de la cellule peut s'ouvrir, je fonce ! Dans la salle d'activités, il y a quatre ou cinq jeunes, des jeux de société, une table de ping-pong...C'est quoi cette taule ? Les murs sont à dix mètres, il n'y a pas de grillages... La prison est destinée aux petites peines : des stups ou des conneries de ce genre. Nous ne sommes que trois D.P.S. : moi, Nordine la Gelée et Gérard de la Dream Team.

Tu les vois ?

Non. Nous sommes isolés chacun dans un bâtiment. Nordine est un mec excessivement généreux. Il me fait passer des cigarettes bien que je ne fume pas et surtout m'envoie deux, trois jeunes qu'il a dû briefer et qui me demandent respectueusement si je veux quoi que ce soit.

En prison, je ferai connaissance avec ce fameux milieu maghrébin que je ne fréquentais pas. Je ne connaissais que leurs noms, leurs lieux de rendez-vous, leurs discothèques. Les Nordine La Gelée, Momo A., Ihmed M., Djamel B. de la bijouterie de la place Vendôme... je me rends compte que tous ces gens tiennent très bien la route.

Djamel, un Kabyle de quarante cinq ans, je vais le rencontrer à Saint-Maur. C'est un mec super cultivé qui passe son temps à la bibliothèque. On joue souvent aux échecs et il me met à chaque fois la raclée. Il aurait pu réussir dans n'importe quel métier mais il a choisi d'être gangster.

Mohamed A, c'est un seigneur. Hyper intelligent et très

posé, il connaît tout le monde dans le Milieu. C'est un parrain. Il aurait fait un super chef d'entreprise.

En promenade, il y a toutes les « mules » vénézuéliennes et colombiennes arrêtées à Roissy. En bons sud-américains, ils sont passionnés de foot et jouent contre une équipe de cité du 93. Il leur manquait un meneur de jeu, je prends le poste.

Comme j'ai été privé de tout à Fresnes et à Fleury-Mérogis, je suis plein de vie, inspiré par le jeu. Avec les latinos on devient super potes, ils me font à manger des plats de chez eux et je me mets à l'espagnol vite fait.

Je reste neuf mois à Villepinte. Et j'y apprends la mentalité des jeunes des cités. Comme je l'ai dit, ils règnent en maîtres. Avec eux, les parloirs sont allongés. On a le droit d'y manger. Si tu as oublié de cantiner, tu n'es pas obligé d'attendre une semaine comme dans les autres prisons, l'auxi étant leur pote, au bout d'une heure tu as ce que tu veux.

Et pas seulement les fournitures officielles.

Les détenus des cellules du rez-de-chaussée sont chargés de récupérer ce qui est balancé la nuit depuis l'extérieur. Leurs potes mettent un téléphone portable dans une canette avec le chargeur ou du shit et l'enveloppent dans un filet de pommes de terre. Et ils balancent cette fronde dans la prison depuis le champ qui jouxte la francilienne. Malgré les filins, ils arrivent à récupérer les colis. Ceux du rez-de-chaussée brandissent des sortes de baguettes prolongées par un fil au bout duquel sont attachées des fourchettes tordues comme des hameçons.

Comme des pêcheurs, ils les lancent et ramènent ce qu'ils veulent.

Mais le truc le plus fantastique, je l'ai vu le premier soir alors que je regardais la télé. J'entends du bruit à l'extérieur, j'ouvre la fenêtre. Et là entre le bâtiment situé à ma gauche et celui qui est en face, je vois des téléphériques. Au moins quatorze fils sont accrochés et servent à convoyer des marchandises.

Les jeunes sont plutôt sympas dans l'ensemble. Surtout une équipe de blacks de Gagny. Ils se sont fait attraper pour une histoire de cartes de crédit. Les mecs sont super drôles et baragouinent un argot de cité pas possible. Dans leur groupe, un jeune Algérien s'appelle Oueri. C'est le neveu d'une grosse pointure du banditisme, Abdenour.

Nordine la Gelée m'a demandé de m'occuper un peu de lui à son arrivée. Je me reconnais en lui deux ans auparavant : il porte un jean et des Weston et semble un peu perdu. Je lui donne des affaires, un jogging, des baskets et je lui fais à manger le soir. Je lui parle et ça lui fait un bien fou. Il me prend pour son grand frère. Ça devient un bon pote. Lui est là pour des histoires de machines à sous. Il sortira au bout de deux mois. Ensuite je rencontrerai son cousin Malik : le même que lui, mais plus débrouillard et plus costaud.

Et le temps des jugements arrive…

Effectivement. De Villepinte je suis transféré à Amiens où je passe aux assises et je prends vingt ans pour le braquage de la bijouterie de Chantilly, d'une banque à Creil et pour une séquestration. Mais j'ai pu faire appel. En parallèle j'ai été acquitté sur une affaire du dépôt de la Brinks à Coudin près de Compiègne. Ce n'était pas moi.

Ensuite je suis jugé à Bobigny pour le fourgon de Villepinte où je prends quinze ans. L'avocat général avait requis vingt-cinq ans ! Pendant le procès, on me demande pourquoi je suis surnommé Doc. L'avocat général y voit un hommage à ma science. Aux Assises j'évite Steeve Mc Queen et leur explique plutôt que c'est lié à ma cavale... c'est une référence au docteur Kimble dans *Le Fugitif*. Durant sa plaidoirie, l'avocat général me compare à un chat qui retombe toujours sur ses pattes. Et elle me fait le grand jeu. Elle rappelle aux jurés que j'ai braqué le fourgon blindé en face du dépôt de transport de fonds à Villepinte. Que c'était à deux cents mètres de l'hôtel de police, qu'il y avait trente convoyeurs armés : elle a bien compris que j'avais fait ça pour humilier les convoyeurs de fonds et ridiculiser la police. Elle explique que j'aime à utiliser des répliques de *Heat* dans mes courriers mais que je suis moi-même digne des plus grands films hollywoodiens... Bref, la totale.

Pendant les audiences, les convoyeurs de fonds me font des signes. L'un d'eux laissera son adresse à mon avocat pour que je lui écrive. Ils m'ont trouvé très correct... le syndrome de Stockholm, mais puissance dix. Avec les flics de la B.A.C. cela se passe bien aussi : ils savent que je ne leur ai pas tiré dessus. Je salue même leur courage. Les flics de la B.R.B. ne peuvent pas dire grand-chose puisqu'ils ne me connaissent pas.

La présidente sent que je ne suis pas haineux, ni envers la société ni envers les policiers. Je suis un voleur. Je suis là pour voler, j'assume mes responsabilités.

Pendant ce temps-là, t'es toujours à Villepinte ?

Non j'ai été transféré à Bois d'Arcy, mais je n'y suis resté que six mois pour m'être fait péter avec un téléphone portable. J'y croiserai d'autres membres de la Dream Team. Il y avait aussi des jeunes de cité mais moins sympas que ceux du 93. Ce qui ne m'empêche pas de me la faire avec eux.

De Bois d'Arcy, je vais à l'isolement à la Santé. J'y croise Christophe K. qui a tenté de s'évader en hélicoptère de Fresnes, Boualem B., un terroriste qui a fait sauter la bombe dans le RER Saint Michel, Djamel, qui s'est évadé en hélico de Moulins. Entre D.P.S., tu retrouves la mentalité qu'il y avait dans les années 80 ou 90, celles des grands voyous. Là tu risques moins de tomber sur une balance.

Comment tu t'occupes en prison ?

Le temps est très, très, très long… De surcroît, lorsque tu es placé au quartier d'isolement, Q.I., c'est encore plus long. Tu passes ton temps à bouquiner et à faire du sport. Celui qui a la chance d'avoir des proches qui viennent le visiter au parloir, celui-là il est sauvé. Le parloir, c'est le médicament qui soigne la grande douleur de l'incarcération. Le nombre de mecs que j'ai rencontrés dans ces putains de Q.I. et qui n'avaient pas de parloir…

Le Q.I. n'est pas considéré comme une sanction par l'administration, mais le détenu prend cela comme une punition. Et je trouve tout à fait normal qu'un détenu ressente cette amertume. Tu ne vois plus de lumière et tu n'as personne avec qui parler. Tu sors une heure le matin et une heure l'après-midi dans une promenade sur-grillagée qui ressemble à une cave. Pour le restant, c'est vingt-deux heures dans ta cellule. C'est un environnement ultra-destructeur. C'est fait pour te briser. Le surveillant le sait très bien d'ailleurs. Mais bon, ce n'est pas lui non plus qui te place à l'isolement. Ils sont là pour te surveiller et t'envoyer en promenade. La plupart ont une grosse pression de leur direction concernant les D.P.S. Ils deviennent paranos à mort. Ce qui atteint leur discernement lorsque tu fais des demandes banales, comme la douche, la promenade, passer des cantines à un codétenu… Heureusement, ils ne sont pas tous comme ça. Tu as le droit d'aller dans une salle de sport. Mais tu es toujours tout seul. Et eux, ils te disent que ce n'est pas une punition. T'as raison ! Bref, tout se passe dans ta tête. Mais sérieux, faut du courage quand même. La plupart des mecs que tu rencontres au Q.I., c'est des D.P.S. Des gars au ballon pour des histoires de banditisme et, plus rarement, de terrorisme.

Déjà que tu es éloigné de ta famille, mais en plus, l'administration pénitentiaire te fait tourner avec la fameuse « rotation sécuritaire » tous les trois mois. C'est dur pour les détenus, mais aussi pour les familles des détenus.

C'est pour moi la plus grosse injustice de la prison. Les familles sont vraiment très isolées. Pourtant, c'est la famille qui joint l'avocat, envoie le courrier et les mandats pour cantiner, lave le linge. C'est la « soupape » du détenu. La pénitentiaire devrait être contente que les gars ont des visites. Le détenu se sent mieux après. La famille le calme et le tempère. C'est toujours mieux pour les surveillants. La famille compose avec cette adversité qui lui tombe en pleine gueule parce que c'est une souffrance terrible que d'avoir un proche emprisonné. Pour aller au parloir, il faut savoir faire des sacrifices car le déplacement est fatiguant et coûteux. C'est tout une organisation car il faut pouvoir se libérer la journée si on travaille. Alors comment cela se passe lorsqu'une famille de Corse doit se déplacer sur la région parisienne ou en Centrale pour visiter un proche ? L'avion, le train, le taxi « aller-retour » et puis tu repars ! C'est pareil pour les lyonnais, les marseillais, les parisiens, les nantais… Faut te démolir par tous les moyens. L'isolement, cela ne leur suffit pas, alors on cherche à briser les liens familiaux. Les mecs sont éloignés de leur famille et c'est carrément dégueulasse.

Ces mecs, comme tu dis, ils ont fait des conneries aussi…

Lorsqu'un gars fait une grosse connerie, c'est normal de payer. Encore que, la plupart des mecs que j'ai croisés chez les D.P.S. n'ont pas de sang sur les mains. Cela n'empêche pas de les traiter comme des bêtes fauves. Les violeurs et tueurs d'enfants, ceux-là, je ne les ai jamais croisés au Q.H.S. Maintenant les familles, elles, n'ont rien fait. Leur tort, c'est d'aimer le gars qui est emprisonné. Elles n'ont rien à voir avec le délit. Les enfants veulent voir leur père. Tout comme sa femme, son père ou sa mère. Aussi, faut arrêter de se raconter des conneries. Si tu te retrouves dans une centrale à cinq cents kilomètres du domicile, cela va être extrêmement difficile sur le temps. Et ça, « ils » le savent.

Au parloir, tu fais connaissance avec les familles de tes codétenus. C'est des personnes qui ont un amour inouï. Cela dépasse le cadre de la fidélité, les attaches familiales ou l'amitié. C'est de la pure affection. Je ne suis pas juge, c'est très clair, mais les familles méritent d'avoir une chance de revoir leur proche à l'extérieur. Pour finir avec les parloirs, je ne me suis jamais plaint auprès de mes codétenus pour cette raison car je savais que j'étais un privilégié. Mes proches ne m'ont jamais laissé tomber et je leur dois énormément. J'ai vraiment beaucoup de chance.

Tu peux résumer tes condamnations ?

De la Santé je suis transféré à Douai car je dois passer en appel à Amiens. J'y suis finalement acquitté pour la séquestration, et de vingt ans je redescends à douze, ce qui est raisonnable. Je ne fais pas appel.

Douze donc à Amiens et quinze à Bobigny pour le fourgon, plus six ans au tribunal de Créteil pour les barrettes mémoires et quatre ans à Senlis pour l'évasion en Suisse. Soit trente-sept ans à faire !

Comment as-tu pris la chose ?...

A ton avis ?

En 2003, tu es donc définitivement condamné. Tu es transféré ?

Lorsque je suis à Douai, Antonio Ferrara s'évade de Fresnes. Deux jours après, un fourgon cellulaire vient me chercher avec trente gendarmes. Je n'ai jamais vu un tel déploiement. Durant le trajet le fourgon est encadré par trois voitures derrière, trois voitures devant, et deux motards. A chaque péage il y a des gendarmes qui font ouvrir la barrière...

De Douai, je suis transféré à la Centrale de Saint-Maur. Je peux te dire que le voyage dans le fourgon cellulaire qui roule à fond quand tu as les menottes dans le dos... tu t'en prends plein la gueule. Tu comprends pourquoi on appelait ça le panier à salade.

A Saint-Maur je suis placé quelques jours à l'isolement avant de rejoindre la détention. En Centrale, l'ambiance est différente.

Là-bas, il y avait par exemple Marcel Barbeault, un tueur en série qui a sévi dans les années 70. Ses crimes avaient toujours lieu le soir ou tôt le matin d'où son surnom de « Tueur de l'ombre ». Il est en prison depuis trente cinq ans... Certains mecs ça faisait seize ans qu'ils étaient dans la même cellule. En arrivant je me suis mis à la vitre de la cellule et j'ai aperçu des petits chemins avec des espaces verts, on aurait dit une maison de retraite. Les gens marchent, font leur petit tour quotidien.

Ouahhh ! ! ! Oh putain, je veux pas finir comme ça ! C'est un mouroir.

Le directeur et la sous directrice sont très humains. La vie des détenus est facilitée : il y a plus de sport, ils changent les télés, les frigos…Ils ont compris que les mecs étaient là pour de très longues peines et donc qu'il leur fallait des conditions vivables. Il y a quand même dix miradors et des murs blindés mais ils nous laissent vivre, les détenus peuvent même avoir des relations sexuelles avec leur compagne dans les parloirs.

J'y rencontre entre autres Karim T., multirécidiviste des évasions, Abdelkrim A., un gros braqueur de Montreuil, Patrick M., un trafiquant parisien, Pierrot un braqueur bordelais, Pitou un gangster du milieu juif extradé d'Israël pour meurtre, Alain A., le mec qui ira chercher Pascal Payet à Grasse, Zidon S., une figure de Vitry-sur-Seine, Saïd un braqueur de dab et un bon joueur de foot… Sans oublier François Besse et Jean-Claude Roman, le faux médecin qui a tué sa famille, André R., qui a tué un surveillant lors d'une évasion. Il a pris vingt-cinq ans de plus. Un mec gentil, intelligent, cultivé : une crème avec qui je m'entends bien.

Il n'y a que des perpètes : je prends un putain de coup de vertige.

Des cent cinquante détenus, je suis pratiquement le plus jeune.

J'ai trente sept ans à faire, pas encore de confusion et j'en ai déjà fait cinq.

Ça se passe comment ?

Au bout de six ans, je fais une connerie, je me fais choper avec un téléphone portable. La direction me soupçonne de vouloir m'évader ce qui me vaut un transfert à l'isolement à la Santé.

J'y arrive dans la folie « Ferrara » : depuis qu'il s'est évadé la direction a décidé de mettre tous les D.P.S. au Q.I., à l'isolement.

Il n'y a que des pointures. Je reste là bas six ou sept mois. A la fin de mon séjour à la Santé, la pénitentiaire fait une découverte : un message écrit dissimulé dans une machine de la salle de musculation. Il concernerait une tentative d'évasion en préparation. Nous avons droit à une fouille très approfondie qui mène à la découverte d'explosifs dans la douche. A ce moment-là, nous ne sommes que quatre à l'isolement.

Après la découverte de ce message, les conditions de détention sont durcies. Les gardiens refusent qu'on se passe de la nourriture. Mais on arrive toujours à se démerder. On la planque dans le double fond des bouteilles que l'on descend en promenade. Je réussis même à planquer des petits gâteaux orientaux et du thé chaud. Le matin en promenade je tendais ma main à travers le grillage et mon voisin corse me touchait le bout des doigts pour me saluer. Je réussissais à lui tendre un gobelet avec du thé et on se partageait des pâtisseries orientales. Et là on se disait, on est à Paris, on prend le thé, on voit les étoiles… c'était comme un peu de liberté qu'on leur volait.

Ensuite je suis de nouveau transféré à Fresnes puis de là au Q.I. de Nanterre. Il n'y a que des jeunes de cité qui tiennent la route.

Et ensuite tu continues ta tournée ?

Oui, c'est l'usage. Pour des raisons de sécurité, pour éviter que les mecs n'aient le temps de gamberger une évasion.

C'est comme ça qu'après Nanterre, je me retrouve fin 2006 en Centrale à Moulins où cette fois je vais rester presque trois ans. Il y a un étage où le directeur a regroupé tous les psychopathes de France. On l'appelle l'étage de *Faites entrer l'accusé* : sept détenus qui l'occupent ont fait l'émission. Une sorte de laboratoire : Patrice Allègre, Guy George, Nadir Sedrati, Edgar Boulay… c'est simple à chaque fois qu'on passe à cet étage, on fredonne le générique de l'émission. Mais ces mecs on ne leur parle pas. En revanche les matons les apprécient : autant ils ont été dangereux à l'extérieur autant maintenant ils sont inoffensifs. Ici, les proies sont moins faciles…

Et la sortie comment on la prépare ?

Beaucoup de gars n'arrivent pas à se projeter vers l'avenir car leur date de libération est trop lointaine. L'évasion ?

C'est du domaine de l'impossible aujourd'hui. Il y a de rares personnes qui s'y accrochent. Cela les fait tenir. Comme certains avec la religion ou dans le sport. Il y en a aussi qui n'y pensent même pas car cela leur donne le vertige. En revanche, les clichés qui disent : « Ils sont bien à l'intérieur car ils sont entre eux. » Celui qui te dit cela, c'est un débile.

A propos de fous, tu en as pas mal au placard, en détention et mélangés avec tout le monde. Tu te demandes pourquoi ils ne sont pas à l'hôpital pour se faire soigner. Comme les hôpitaux flippent d'eux, on les parque en prison. Une bêtise qui finira par leur péter à la figure. C'est sûr et certain.

Et puis, tu as des mecs qui ont la chance d'avoir des avocats pour les faire sortir de cette merde. Il faut que l'avocat bosse avec ses tripes parce que c'est long et très difficile.

J'ai la chance d'avoir un avocat absolument exceptionnel, Jean-Louis Pelletier. Le gars ne m'a jamais lâché. Jamais. Je ne l'ai jamais fait chier non plus. Mais à chaque fois que je lui écrivais une lettre, il se déplaçait direct. En plus, l'homme est une crème. Mais je lui en veux un peu parce qu'à chaque fois qu'il plaide en ma faveur, il me fait chialer cet enfoiré. Et comme il me l'a toujours dit : « Pour que l'on y arrive, il faut être deux. Sinon, c'est moi que tu trahis ». Pour cela, il faut que le détenu fasse sa part aussi : pas de rapport disciplinaire, inscription à toutes les activités socioculturelles, faire des formations qui vont te servir à l'extérieur, commencer à indemniser les victimes… Il y en a même qui consultent régulièrement le psy et entreprennent un travail sur eux mêmes.

A l'isolement, tu n'as le droit de rien faire sauf de rester dans ta cellule. Il faut attendre d'être condamné et se retrouver en centrale pour cela. Et ça peut prendre pas mal d'années. Mais ce n'est pas évident car on te demande de changer et beaucoup pensent qu'on leur demande de se « renier ». Je peux comprendre car lorsque l'on te fait tant de misères au placard : le mitard, le Q.I., les parloirs éloignés, les transferts à répétition…, tu as l'impression que l'on fait de toi un cas « personnel ». Tu commences à voir chaque autorité comme un « ennemi » : les psys, le service social, les surveillants. Tout le monde. Malheureusement, il faut aussi beaucoup de chance aux détenus pour tomber sur les « bons ». Quand bien même un gars condamné à une longue peine veut faire preuve de bonne volonté et commencer ce travail de réinsertion durant son incarcération, il est pénalisé par le délit qu'il a commis, son « nom » ou son inscription comme D.P.S. C'est vraiment affligeant. Ton interlocuteur ne t'a jamais vu, mais ce n'est pas la peine qu'il fasse ta connaissance : il a consulté ton dossier et s'est déjà fait une opinion sur toi. Il ne fait pas le distinguo entre la personne et le délit. Là, t'es mort. Tu n'as plus qu'à attendre d'être transféré et d'avoir la chance de tomber sur des personnes qui ne te « rejugeront » pas. Bien qu'ils ne soient pas magistrats !

Et encore faut-il que tu aies toujours envie. Il faut persévérer et ne jamais lâcher l'affaire. C'est l'amour des miens qui m'a fait tenir et m'a donné la force et l'envie d'y arriver. Sans cela, je n'y serais pas parvenu.

Toi, lorsque l'on t'a sorti des Q.H.S. pour te mettre en centrale, tu es rentré dans ce processus de réinsertion. Tu as obtenu une confusion de tes différentes peines mais pas totale...

Les peines d'évasions ne se confusionnent pas. Comme j'avais pris quinze ans pour l'attaque du fourgon blindé de Villepinte, la peine de quatre ans d'emprisonnement concernant l'évasion en Suisse s'est additionnée avec celle de Villepinte. Soit dix-neuf ans de prison. Mais le plus fou, c'est que j'étais content quand même au regard des années que j'avais déjà effectuées. J'avais passé neuf piges en détention et cela me permettait à ce moment de me projeter vers un avenir, vers la « Liberté ».

C'est à ce moment que tu rejoins le centre de détention de Meaux ?

Exactement. Au bout de neuf ans et demi de centrale, de maison d'arrêts et de transferts en tous genres, je me retrouve dans un centre de détention comme tous les autres détenus. Il me reste quatre ans sur le papier vu les grâces que j'ai touchées depuis fin 1998. Je retrouve une directrice de prison que j'avais croisée à Villepinte en 2001. Autrefois, elle ne voulait pas de moi dans la maison d'arrêt. Elle avait peur que des lascars viennent faire péter le mur pour me faire évader. Ce qui est était faux.

Justement, tu n'as jamais essayé de t'évader ? Quelqu'un comme toi ne va pas perdre dix ans de sa vie en prison…

Maintenant c'est moi qui te pose une question. Il y a deux cent cinquante détenus dans une promenade. Une brèche s'ouvre sur le mur d'enceinte. A ton avis, combien de gars vont se précipiter dans le trou ?

C'est évident.

Alors tu as la réponse. Tu sais, même un surveillant trouve normal que les hommes et femmes incarcérées veuillent sortir du placard. C'est un sentiment humain. C'est Pierre Kropotkine qui disait : « La liberté ne se donne pas. Elle se prend ». Eh oui, j'ai aussi bouquiné au placard !

Je reviens à Meaux. Tu as touché des permissions ?

Il a d'abord fallu convaincre de ma réelle volonté à sortir de taule par la grande porte. A mon arrivée, j'ai mis la pression sur un gradé pour que je travaille ou que je fasse une formation. Je déteste glander.

Il me met à l'essai. Je me retrouve à l'atelier avec des intervenants privés. Tout de suite, on sympathise. Ce ne sont pas des gens qui te jugent. En quelques semaines, ils me font confiance et me confient des responsabilités. Cela me fait bizarre. D'habitude, j'exerce des responsabilités sur un autre genre de personnes. Là, il y a une trentaine de personnes qui dépendent de moi. La plupart des mecs sont étrangers. Ils se sont fait péter avec de la cocaïne à faire la « mule » en arrivant d'Amérique du sud. Je me démène pour leur faire comprendre le boulot à fournir. Eux, ils m'appellent « el mago ». Cela veut dire « magicien ». Un clin d'œil appuyé à ma capacité à boucler la journée et les faire convoquer tous les matins. Lorsque je fais les listes en fin de journée pour savoir qui viendra bosser le lendemain matin, je privilégie toujours les « Chicanos » parce qu'ils n'auront aucun parloir et aucun mandat durant les trois à quatre ans qu'ils vont tirer en France.

Je taffe de sept heures du matin jusque seize heures. On a droit à une pause pour déjeuner. Lorsque je finis le boulot, je suis fatigué. Mais c'est de la bonne fatigue. Je ne fume pas et je ne touche pas aux téléphones portables. J'évite d'appartenir à tel groupe ou tel clan. Je ne suis pas solitaire non plus, mais je me fais le plus discret possible. Il faut éviter les embrouilles. On ne me pardonnera rien. Mais dans ma tête, je suis ultra-clean. Tous les mecs que j'ai laissés en centrale avec le paquet d'années qui leur reste à purger… Je me dis que si cela ne marche pas pour moi, les autres n'enquilleront pas derrière. Il faut que je casse le cliché concernant les D.P.S. Je sais comment « naviguer ». Je ne me fais pas remarquer.

Malgré cela, il n'y a que ma photo dans le bureau du surveillant. En bonne place avec le cahier qui m'est spécialement dédié pour noter le moindre de mes déplacements. Ils ne me lâcheront jamais. Mais je l'accepte. Après tout, je ne suis pas là pour un vol de cageot de tomates. Pourvu simplement qu'il n'y ait pas d'excès de zèle.

Il n'y en aura pas à Meaux. Le centre de détention, c'est une autre planète comparé à la centrale de haute sécurité. Pour commencer, tu n'as que des petites peines autour de toi. Tout le monde sort en permission tous les deux mois. Cela va de la journée à cinq jours.

Vient enfin le jour où l'on m'a accordé une perm. Parano comme je suis, je me dis qu'ils vont me l'annuler au dernier moment. La directrice a peur que je ne rentre pas. Ils prennent un risque. Ils me font « confiance ».

Je sors de là un dimanche de novembre 2008. Putain, j'y crois pas. Presque dix piges ! Je respire. L'air n'est pas le même. Je me prends toute les couleurs de la liberté en pleine vue. C'est magique. Mes yeux sont en ébullition face à l'horizon que je peux voir jusqu'à perte de vue. Je vois tout en Cinémascope ! C'est magnifique. Il n'y a pas de mot assez fort pour décrire ce que je ressens. Je suis heureux comme on ne peut pas imaginer. La Liberté, c'est trop beau. Cela n'a pas de prix.

Lors de cette première permission, j'ai eu la riche idée d'aller dans une piscine histoire de nager et de toucher l'eau. Lorsque j'ai plongé dans la piscine, j'ai cru que je sautais du haut d'une cascade dans un lagon. Cela fait une éternité que je n'ai pas pris de bain. Je sais toujours nager. Le rêve. Je pense à toutes les personnes qui ont rendu possible ce moment. Mais je pense aussi à ceux qui sont encore derrière les barreaux.

Lorsque je rentre de cette permission, je suis sûr que je vais trouver la directrice sur le tapis rouge devant la taule avec les majorettes et le feu d'artifice. Ils vont m'offrir un cocktail vu que je suis rentré. J'ai passé ma vie à me tailler la route… Alors venir sonner à la porte de la prison, c'est impossible.

Je suis rentré bien sûr. Et il n'y avait pas de cérémonie officielle pour ce retour forcé.

Ensuite, tu es sorti en libération conditionnelle ?

Après avoir obtenu plusieurs permissions, je pose une demande de libération conditionnelle, sous l'impulsion d'Abel Farès, un excellent avocat qui se bouge à mort pour moi. Pour ce faire, il me faut une promesse d'embauche. Je contacte un ancien employeur. Il m'avait trouvé du travail pendant les périodes scolaires à l'époque où j'étais au lycée Jean Rostand. Il se rappelle de moi. Je le mets au parfum sur ma situation et mon passé. Il accepte de m'embaucher en tant que commercial dans sa société. Il est spécialisé dans le B.T.P. C'est un juif algérien qui habite le Val de Marne. Un entrepreneur qui a bien réussi dans la vie. Il a un parcours assez atypique. C'est un autodidacte doublé d'un perfectionniste hors pair. Il s'éclate dans son travail et cela se voit. Je le rencontre lors de mes permissions. Le courant passe bien. C'est pareil avec les employés de sa société. Tant mieux. C'est très important de s'intégrer rapidement dans une profession. Mais il y a encore un hic pour la libération conditionnelle. Je n'ai pas de papiers et il me faut ma carte d'identité. J'ai toujours eu des faux papiers sur moi. Ma dernière carte d'identité date de 1985 et elle a disparu.

Lors d'une permission, je me rends dans un commissariat

pour faire une déclaration de perte de document d'identité. C'est indispensable pour refaire mes papiers. Etrange sensation que de pénétrer dans un commissariat. D'habitude, je rentre dans une bagnole par l'arrière. Avec les menottes en prime. Je n'y suis jamais entré différemment. Je récupère le document. Je suis pressé de sortir de cet endroit. Je me jure de ne plus perdre mes papiers !

Ensuite, je me rends à la mairie pour faire mes nouveaux papiers au nom de Rédoine Faïd. C'est un comble. Des papiers à mon nom. Décidément, j'ai vraiment changé. On m'appelle : « Rédoine » et je sursaute ! Autrefois, je suppliais les gens de ne prononcer mon prénom sous aucun prétexte. Le meilleur reste à venir car je dois entrer dans une banque pour ouvrir un compte. Là, j'ai vraiment flippé. Quel bordel… J'entre dans la banque. Je suis blanc comme un cachet d'aspirine. Limite je ne respire plus. Au final, cela se passe très bien. D'ailleurs, ils m'ont filé une carte Visa. Finies les espèces et la cavale. Se retourner sans cesse pour savoir si on est suivi. Rentrer dans sa planque à partir de seize heures et ne plus bouger avant le lendemain. Le stress des aéroports et de la police. Vivre avec la mort. A se demander si l'on sera vivant le jour d'après. C'est terminé. Je suis en règle putain !

On a beaucoup parlé d'anecdotes liées au cinéma. Le cinéma pour toi, comme pour les lascars des cités, occupe une place importante. Alors pour conclure, j'aimerais que tu me parles de ce clin d'œil du destin que tu as vécu à ta sortie ?

En juin 2009, j'ai rencontré Michael Mann venu à Paris présenter son dernier film *Public enemies*. Johnny Depp interprète le rôle de John Dillinger, le plus célèbre braqueur de banque des Etats-Unis. Invité à l'avant-première par le directeur de la Cinémathèque Française, j'ai eu le plaisir de parler à ce gars qui a jalonné mon existence pendant une vingtaine d'années. Je lui ai dit qu'il était « mon prof de fac » et mon meilleur conseiller technique. Cela l'a bien fait marrer. Avec les potes, on regardait ses films comme des reportages. Une sorte de documentaire sur ce qu'il fallait faire ou ne pas faire lorsque tu veux devenir un bandit : tu ne balances pas, tu ne touches jamais à la drogue, tu ne verses jamais le sang, tu ne te mélanges pas aux gros voyous du Milieu… C'est pas compliqué, tu enlèves le cinéma, tu te retrouves avec cinquante pour cent de délinquance en moins. Sans le culpabiliser, je lui ai expliqué combien ces films pouvaient inspirer les jeunes. Il était un peu gêné. En revanche, il sait que *Heat*, que l'on a regardé ensemble, est la meilleure référence des policiers et du milieu du grand banditisme.

Et maintenant, tu es heureux ?

Je suis très heureux. Les plaisirs que tu t'offres avec l'argent des bracos sont très éphémères. La plus belle des aventures n'est pas encore terminée. Elle avait juste subi un fâcheux contretemps…

Ouvrages du même auteur

Les Grandes énigmes de la police, *First, 2010*

Le Colombien, des parrains corses aux cartels de la coke, *La Manufacture de Livres, 2009*

Mafias, gangs et cartels, la criminalité internationale en France, *Denoël, 2008*

Gangs de Paris, *Parigramme, 2007*

La Guerre secrète des casinos, *Fayard, 2007*

La Mafia des cités, *Denoël, 2006*

Yakusa : enquête au cœur de la mafia japonaise, *Flammarion, 2005*

Michel Ardouin dit « Porte-avions », Une vie de voyou, *Fayard, 2005*

Une histoire du Milieu. Grand banditisme et haute pègre en France de 1850 à nos jours, *Denoël, 2003*

Les hommes illustrés – Le tatouage des origines à nos jours (avec Eric Guillon), *éd. Larivière, 2001*

Des Vrais, des durs, des tatoués, *éd. Larivière, 2004*

Les Gars de la marine, *éd. Larivière, 2004*

Dans la même collection

Au cœur du trafic, Bruno Di Maio, *2008*

Mesrine, mon associé, Michel Ardouin, *2008*

Le Colombien, des parrains corses aux cartels de la coke, Laurent Fiocconi, Jérôme Pierrat, *2009*

Zampa, José d'Arrigo, Roger Grobert, *2010*

MAQUETTE ET MISE EN PAGES

Zeharbegi@

Achevé d'imprimer en novembre 2010
sur les presses de la Nouvelle Imprimerie Laballery
58500 Clamecy
Dépôt légal : novembre 2010
Numéro d'impression : 011069

Imprimé en France

La Nouvelle Imprimerie Laballery est titulaire de la marque Imprim'Vert®